Google Writing

〈구글 라이팅〉은 구글을 이용하여 영작을 손쉽게 할 수 있는 방법을 가르쳐주는 책입니다.
초판 출간 시기는 2010년으로 현재 구글에서 보이는 화면과는 차이가 있을 수 있습니다.
하지만 저자가 의도하는 영작의 방법을 알려주는 원리에는 큰 영향을 미치지 않으므로,
저자가 보여주는 화면 그대로를 유지하였습니다.

Google Writing 구글 라이팅

초판 1쇄 발행 ㅣ 2010년 11월 22일
초판 5쇄 발행 ㅣ 2017년 4월 25일

지은이 엔다 가즈코   옮긴이 김소연   펴낸이 이형도
편집 김윤정, 공순례   디자인 도도디자인   마케팅 신기탁

펴낸곳 허스트 비   공급처 (주)이레미디어   등록 제396-2004-35호
전화 031-919-8511(편집부), 031-919-8510(주문 및 관리)   팩스 031-907-8515
주소 경기도 고양시 일산동구 무궁화로 20-38 로데오탑 302호
홈페이지 www.iremedia.co.kr   카페 cafe.naver.com/iremi
이메일 ireme@iremedia.co.kr

저작권자ⓒ2010, 엔다 가즈코
이 책의 저작권은 저작권자에게 있습니다. 저작권자와 (주)이레미디어의 서면에 의한 허락 없이
내용의 전부 혹은 일부를 인용하거나 발췌하는 것을 금합니다.

ISBN 978-89-91998-46-9 13740

＊허스트 비는 (주)이레미디어의 외국어ㆍ실용서적 브랜드입니다.
허스트 비에서는 참신한 원고를 모집합니다.
어떤 분야의 내용이든 보내주시면 정성껏 검토 후 선정된 원고에 대해서는 계약하겠습니다.

이 도서의 국립중앙도서관 출판시도서목록(CIP)은 e-cip 홈페이지에서 이용하실 수 있습니다.

GOOGLE EIBUN WRITING - EIGO GA DONDON KAKERUYONINARU HON
by Kazuko Enda
Copyrightⓒ2009 by Kazuko Enda
All rights reserved
Original Japanese edition published by KODANSHA INTERNATIONAL LTD.
Korean translation rights arranged with KODANSHA INTERNATIONAL LTD.
through Eric Yang Agency Co., Seoul.
Korean translation rightsⓒ2010 by IREMEDIA CO.,LTD

Google Writing

허스트B

시작하며

인터넷 웹상에는 수많은 사람의 수많은 지식이 집결되어 있고 우리는 손쉽게 그 지식을 손에 넣을 수 있습니다. 그리고 Google은 웹에 존재하는 방대한 수의 페이지를 끊임없이 수집하고 있지요. 누군가가 뭔가를 찾기 위해 키워드를 입력하면 Google은 관련정보를 찾고 정리하여 그 누군가의 컴퓨터로 전송해주며 이 과정은 1분도 채 소요되지 않습니다.

나는 매일 컴퓨터 앞에 앉아 영어를 쓰는 일을 하고 있는데, 사전과 대등한 빈도로 때로는 더 자주 Google로 웹 검색을 하고 있습니다. 그리고 검색할 때는 큰따옴표(" ")와 별표(*)를 활용하는데, 이 작은 기호가 웹을 살아 있는 사전으로 변신시켜 주기 때문입니다. 매번 단 한 번의 클릭으로 원하는 정보를 얻을 수 있는데다가 예상치 못했던 결과까지 얻는다는 것은 정말 멋진 일입니다.

나는 이 멋진 체험을 다른 이들과 공유하고자 기회가 있을 때마다 간단한 검색 기술을 소개해왔습니다. 간단한 검색 기술이란 목적을 정하고 웹상의 영어 자원에 접근하여 구하고자 하는 것을 찾는 것을 말하는데, 많은 사람이 인터넷에 떠있는 영어의 바다로 뛰어들어 이 기술을 활용해 본인이 원하는 바로 그 표현을 만나는 기쁨을 누리는 것을 보아왔습니다. 그리고 여러 사람으로부터 "지면(책)으로는 생각지도 못했던 방법을 터득하게 되어 정말 좋았다.", "불과 몇 달 전까지 종이 사전만 가지고 영어를 썼다는 게 믿기지가 않는다."라는 감상을 듣고서 Google 검색으로 영어와 새로운 관계를 맺는 법을 소개하고 싶다는 생각에 이 책을 쓰게 되었습니다.

 우리는 네트워크를 통해 세상이 하나로 연결된 시대에 살고 있습니다. 영어를 읽고 쓰기 위해 Google 검색을 활용한다면 이러한 정보시대의 혜택을 온전히 누릴 수 있게 될 것입니다. 영어를 즐겁게 공부하고 커뮤니케이션의 도구로서 갈고 닦고자 하는 여러분에게 이 책에서 소개하는 기술이 영어의 새로운 장을 열어주게 되기를 바랍니다.

2009년 10월

엔다 가즈코(遠田和子)

이 책의 목적

우리는 20세기 후반에 인터넷이라는 새로운 커뮤니케이션 매체를 얻었다. 여러 가지 용도가 있겠지만, 인터넷은 더 정확하고 올바른 영어를 쓰기 위한 도구로도 사용될 수 있다. 이 책에서는 인터넷 시대에 걸맞은 아주 새로운 영작 방법을 소개하려고 한다.

이 책은 다음 두 가지를 목표로 한다.
★목표 1: 영작에 도움이 되는 Google 검색 기술을 익힌다.
★목표 2: '명쾌한 영어'에 대한 기준과 self check 기술을 익힌다.

이 두 가지 목표를 조금 더 자세히 설명하면 다음과 같다.

▪ 목표 1: 영작에 도움이 되는 Google 검색 기술

최근에는 영어로 글을 쓸 때 대부분 인터넷에 접속된 컴퓨터를 사용한다. 인터넷상에서는 월드 와이드 웹(WWW)이 제공되고 있으며, 그곳은 전 세계인들의 현재의 관심사, 감정, 사상을 표현하는 언어들로 넘쳐난다. 웹은 거대한 언어의 데이터베이스이며, 정보의 보고다. Google은 웹상에 업로드 된 정보를 검색하는 프로그램으로 일종의 검색 엔진이다.

이 책에서는 Google을 작문의 도구로 활용하여, 웹을 사전이나 참고 서로서뿐만 아니라 자신의 영어를 감수해주는 선생님으로 활용할 수 있는 간단한 방법을 소개하고 있다.

• **웹을 사전처럼 활용하라**

업무상 해외 거래처와 연락을 주고받거나 영어로 된 블로그를 만들고 외국 친구에게 이메일을 쓰는 등 우리가 영어를 쓰는 목적은 참으로 다양하다. 이때 사전이나 문법책은 영작에 없어서는 안 될 존재이기는 하지만, 나의 필요와 영어 사전에 나와 있는 예문 또는 전형화된 문장이 그대로 들어맞을 수는 없는 노릇이다. 그래서 Google이 필요한 것이다. Google 검색을 통해 웹의 바다에 떠다니는 여러 언어 중에서 내 상황에 딱 맞는 말을 찾아낼 수 있다. 그런데 그러기 위해서는 약간의 요령이 필요하다. 그리고 그 요령을 터득하고 나면 웹을 나만의 사전이나 예문집처럼 활용할 수 있게 된다.

• **웹을 영작 네이티브 감수자로 활용하라**

영어로 글을 쓰면서 '지금 옆에 네이티브 스피커가 있으면 얼마나 좋을까? 이 부분은 꼭 물어보고 싶은데……'라고 했던 적은 없는가? 또는 사전에 나와있는 단어를 짜깁기하여 문장을 만들기는 했는데 어순이나 문법은 맞는지, 혹은 정말 이 문장으로 뜻이 통할지 불안했던 적은 없는가? 대부분은 자신의 영작이 잘된 건지 아닌지 판단이 서지 않아 누군가 봐주면 좋겠다는 마음이 절로 들 것이다. 비영어권 나라 사람이라면 더욱 그럴 것이다. 당신이 이에 해당한다면 Google 웹 검색에 감수자로서의 역할을 맡겨보자. Google은 웹이 내장된 훌륭한 선생님이 되어줄 것이다.

- **목표 2: '명쾌한 영어'에 대한 기준과 self check 기술**

　영어를 공부하는 사람들로부터 어떻게 하면 영어 실력을 향상할 수 있느냐는 질문을 자주 받는다. 공부하는 방법은 천차만별이지만 가장 중요한 것은 내 목표가 무엇인가 하는 점이다. 궁극적인 목표가 영어를 공부하는 것 자체인지, 아니면 영어를 커뮤니케이션의 도구로 활용하여 다른 목적을 달성하고 싶은 것인지 말이다. 만약 후자라면 내가 표현하고 싶은 내용이 상대방에게 정확하게 전달되도록 해야 한다. 이 책에서는 읽는 이에게 정확하게 전달되는 '명쾌한 영어'를 목표로 하고 있다.

　'명쾌한 영어'란 간결하고 읽기 쉬우며 내용이 머릿속에 쏙 들어오는 영어를 말한다. 이런 영어에는 공통된 특징이 있는데 바로 주어와 동사가 명확하며 적은 어휘로 많은 정보를 전달할 수 있다는 점이다. 명쾌한 영어인지 아닌지는 간단한 체크만으로도 확인이 가능하며 이를 판단하는 기준을 익혀두면 내가 어떤 영어를 목표로 해야 하는지가 눈에 보인다. 나날이 세계화되어가는 요즘, 영어는 전 세계 사람들의 공통어라는 역할을 하고 있다. 우리가 쓴 영어를 누가 읽을까? 세상에는 영어가 모국어인 사람들만 있는 게 아니다. 영어가 제2외국어인 사람도 많다. 다양한 나라의, 다양한 문화를 배경으로 하는 사람들이 정보를 발신할 때 위력을 발휘하는 것은 바로 간결하면서도 강력한 영어다. 인터넷 없이도 체크 가능한 self check로 '명쾌한 영어'를 쓰는 힘을 길러보자.

이 책에 대하여

■ Google 검색을 활용한 학습방법

이 책에서 소개하는 Google 검색 기술은 기존의 사전이나 문법책에만 의지하던 영작에 혁신을 불러일으킬 가능성이 있다. 그렇다고 해서 Google이 내 영어 실력을 하루아침에 뒤바꿔 놓을 마법의 지팡이라는 뜻은 아니다. 다음 사항에 유의해가며 영어 실력과 검색 기술을 한번에 향상할 수 있기를 바란다.

Google을 검색하면 다채로운 영어 정보와 새로운 정보를 만날 수 있다. 검색을 통해 멋진 발견을 할 수도 있고, 아무런 도움이 안 될 때도 있다. 초반에는 엄청난 양의 정보에 압도될지도 모르고 검색에 익숙해지기까지는 정확한 표현이나 괜찮을 것 같은 표현을 찾아내는 작업이 어렵게 느껴질지도 모른다. 그럴 때는 다음과 같이 해보자.

- 모르는 단어나 표현을 발견하면 사전이나 문법책을 통해 의미와 용법을 확인한다.
- 검색 메모를 만들어 마음에 드는 표현, 유용한 표현을 기록한다.
- Google 검색과 온라인 사전을 함께 활용한다.

Google 검색은 영작의 강력한 도구다. 하지만 어떤 종류의 도구라도 그렇듯 제대로 활용하기 위해서는 '숙달'되어야 하고 '제대로 활용하겠다는 의지' 또한 필요하다. Google을 검색한 다음, 그 결과를 사전을 통해 검증하는 노력이 거듭되다 보면 영어 실력은 계속 향상할 것이다.

■ 검색 화면 및 건수

이 책에서는 검색 방법을 설명하기 위해 실제 Google 검색 결과에 대한 캡처 화면을 함께 실었다(2010년 9월 1일 기준). 또한, 검색 결과 웹페이지의 수도 같은 시기의 해당 숫자다. 게재된 예는 가능한 전체적 경향이 비슷한 것으로 선별했다.

하지만 웹은 사용자에 따라 그 모습이 역동적으로 변하기 때문에 검색 정보는 시시각각 변하기 마련이다. 또한 검색 결과 자체가 항상 똑같지는 않으며 검색 프로그램을 바꾸면 크게 다른 결과가 나오는 예도 있다. 검색 조건이 동일하다고 해서 같은 사이트의 제목, 혹은 URL이 표시되거나 같은 페이지 수가 표시되는 것은 아니다. 상황이 이렇기 때문에 이 책에 표기된 숫자나 검색 결과는 전체적인 경향을 나타낼 뿐이라는 점을 이해해 주기 바란다.

■ 한국인을 위한 간편하고 정확한 Google 영작법

이 책은 한국 Google 사이트(www.google.co.kr)를 통해 쉽고, 빠르고, 정확하게 영작을 하고자 하는 한국 독자들을 위한 책이다.

원서의 내용 중 일본 Google과 한국 Google 간 이용 환경의 차이 또는 표현 방식의 차이로 인해 불필요하거나 맞지 않는 내용들과 학습을 방해할 우려가 있는 요소들은 한국 독자의 학습 환경과 편리에 맞게 수정되었다. 단, 저자가 전달하고자 하는 핵심 내용을 해칠 우려가 있는 경우에는 원문 그대로를 담고자 하였다.

■ 등장 인물

- **수정**: 기획사 직원. 동료들은 어학연수 경험이 있는 수정이 영어를 잘할 거라 생각해 웬만한 영어 관련 업무는 전부 그녀에게 맡긴다. 상사나 동료 모두 영어에 자신이 없다고 공공연하게 말하기 때문에 항상 부담감과 불안감을 동시에 느낀다.

- **상우**: 자동차 회사에 근무하는 엔지니어. 영어에 자신이 없어 이과를 선택했는데, 회사에서 외국 관련 업무를 맡아 영어를 피할 수 없는 상황이 되었다.

- **유리**: 대학생. 영어 에세이 작성 과제를 할 때나 외국통신판매 사이트에서 쇼핑할 때 영어를 사용한다. 이제 취업준비를 해야 하므로 비즈니스 영어나 TOEIC도 공부해야겠다는 생각에 초조하다.

- **Mr. Bob**: 유리가 다니는 대학의 미국인 영어 선생님. 한국에서 십 년째 살고 있다.

Introduction

■ '웹상의 지식'을 활용해 영작을

영작을 할 때 여러분은 무엇에 의지하는가? 아마 이 질문에 많은 사람이 '사전'이라 답할 것 같다. 실제로 영어를 쓸 때는 일단 자기가 지금까지 배운 영어 단어들을 연결해 문장을 만든다. 이때 부족한 지식을 보충하기 위해 사전이나 문법책을 참고로 할 것이다. 그림으로 나타내보면 다음과 같다. 개개인의 머릿속에 들어있는 단어는 '개인의 지식'이며 사전이나 문법책은 전문가의 땀과 노력의 결정이므로 '전문가의 지식'이라 할 수 있다.

〈지금까지의 영작 프로세스〉

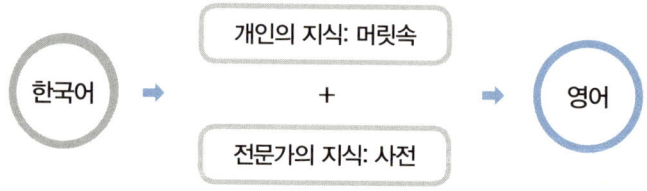

지금까지는 대개 이런 방법으로 영어를 써왔다. 하지만 지금 우리는 대단한 지식 집단에 접근할 수 있는 또 다른 수단을 가지고 있다. 인터넷상에 펼쳐져 있는 웹이 바로 그것인데, 영문판 Google 공식 블로그에 따르면 전 세계의 웹사이트 수는 1조를 돌파했다고 한다(2008.07.25). 컴퓨터나 휴대전화를 통해 손쉽게 접속할 수 있는 웹에는 전 세계인들의 지혜가 집약되어 있다. 이 책에서는 Google 검색을 통해 '웹상의 지혜'로부터 내게 유용한 정보를 찾아 영작에 이용할 수 있는 획기적인 방법을 소개할 것이다.

〈앞으로의 영작 프로세스〉

■ Google 검색으로 다듬은 영문의 예

먼저 Google '웹상의 지식'을 이용하여 우리말이 섞여 있던 문장을 어디에 내놓아도 부끄럽지 않은 수준으로까지 다듬은 실례를 소개하겠다.

다음은 기획사에서 근무하는 수정이 어떤 호텔의 홍보 메일을 영어로 번역한 것이다. 수정은 먼저 본인의 힘으로 번역을 한 다음 모르는 단어는 영어로 고치지 않고 그대로 두었다. 그리고 사전을 펼쳐 단어를 찾고 이상한 부분을 고쳤다. 마지막으로는 Google을 이용해 문장을 세련되게 다듬었다(원래는 더 길었지만 한눈에 비교되게 하려고 중요 부분만 발췌했다).

항상 저희 ABC호텔을 이용해 주셔서 감사합니다.

이번에 5층 규모의 별관을 새로 개관하게 되었습니다.

ABC호텔의 홈페이지를 통해 당 별관의 최신정보를 제공하고 있습니다.

앞으로도 영원한 성원 부탁드립니다.

사전 미사용 '개인의 지식'만으로 작성한 문장(미완성)

We appreciate your frequent stays at ABC Hotel.

This time, we are going to open a five-story annex.

We are providing the latest information about this Annex on the homepage of ABC Hotel.

앞으로도 영원한 성원 부탁드립니다.

사전 사용 '전문가의 지식'을 활용한 문장

We appreciate your patronage for ABC Hotel.

This time, we are going to open a five-story annex to the hotel.

We inform the latest information about this Annex on the Website of ABC Hotel.

We hope your support forever and ever.

> Google 검색 '웹상의 지식'을 활용한 문장

> Thank you for your patronage of the ABC Hotel.
> A five-story annex to the hotel is scheduled to open.
> The Website of ABC Hotel provides the latest information about this Annex.
> ☺ Thank you again and we look forward to your future patronage.

　미완성 상태였던 수정의 영작은 고객에게 당당하게 보낼 수 있을 정도의 완성도를 갖추게 되었다. 자, 이제 상세 분석으로 들어가보자. 마지막 인사말인 '앞으로도 영원한 성원 부탁드립니다'의 영역에 주목해주기 바란다.

　우선 사전 미사용 상태에서 수정은 '앞으로도 영원한 성원 부탁드립니다'를 영어로 옮기지 못하고 그대로 두었다. 그 다음, 사전 사용 단계에서는 사전에서 '성원'을 찾아 support라는 단어를 발견하고는 이를 활용했다.

　　성원해 주셔서 감사합니다.
　　Thank you for your support.

　다음으로 '영원한'을 찾아보니 영어로는 forever이었으며 이런 예문이 있었다.

영원히 친구가 되어줘.

Be my friend forever and ever.

수정은 your support와 forever and ever를 이어봤다.

사전 미사용   앞으로도 영원한 성원 부탁드립니다.

사전 사용   We hope your support forever and ever.

이것이 '전문가의 지식', 즉 사전을 활용한 영작이다. 개인의 힘으로 할 수 있는 것은 여기까지이다.

이 영어가 여러분이 보기에는 어떤가? 문법적으로 맞는 것 같고 권위 있는 사전을 참고한 것이니 문제는 없어 보인다. 하지만 유감스럽게도 이 영어는 무척 부자연스럽다. 그 원인은 문맥과 동떨어진 단어를 조합했다는 데 있다.

your support는 형식을 갖춘 비즈니스 문서에서 '성원, 후원'이라는 뜻으로 사용하는 말이다. 한편, forever and ever은 아주 친한 사람에게 친근함을 나타내고자 할 때 '계속'의 뜻으로 사용한다. 연인이나 배우자에게 보내는 카드에 'Love you forever and ever'이라 쓰기도 한다. 『빨강머리 앤』(루시 모드 몽고메리)에 보면 앤이 가장 친한 친구 다이애나에게 이렇게 말하는 장면이 나온다.

"Will you swear to be my friend forever and ever?"

(앞으로도 쭉~, 내 친구가 되겠다고 맹세해주겠니?)

이제 왜 your support와 forever and ever를 함께 쓸 수 없는지 알았을 것이다. 격식 있는 비즈니스 문서에 느닷없이 친구나 연인에게나 쓸 법한 단어가 나오니 참으로 묘한 영어가 되고 마는 것이다. 바로 이런 어색한 문장 말이다.

"앞으로도 쭉~, 성원 부탁드립니다."

말은 우리 삶의 매 순간, 다양한 상황에서 사용된다. 하지만 사전에는 극히 일부에 해당하는 대표적인 사용법만 실려 있을 뿐이다. 때문에 번역된 단어를 패치워크처럼 조각조각 기워놓은 영어는 당연히 부자연스러울 수밖에 없다. 그런데 'We hope your support forever and ever'가 네이티브에게 어떻게 들리는지도 알 수 없다. 열심히 사전을 뒤져 완성한 문장이 자연스러운지 아닌지 알 방법이 없는 것이다. 바로 얼마 전까지는 그랬다.

지금 우리는 전 세계를 연결하는 인터넷에 손쉽게 접속할 수 있는 환경에 살고 있다. 그리고 인터넷상의 정보를 검색해 눈 깜짝할 사이에 컴퓨터 화면에 띄워 주는 Google이라는 조력자가 등장했다. 수정은 앞으로 이 책에서 소개하는 Google 검색 기술을 활용해 다음과 같은 인사말을 완성시킬 수 있었다.

Thank you again and we look forward to your future patronage.

이렇게 작성한 홍보 메일은 영어 네이티브 감수자로부터 "The final result is very professional and natural."(최종 영문은 아주 전문적이고 자연스럽다.)이라는 인증을 받았다. 수정은 '좀 더 세련된 문장을 쓰고 싶다.'는 강한 열망으로 끊임없이 Google을 검색하여 혼자 힘으로 영작을 고쳐 가고 있다. '개인의 지식'과 '전문가의 지식'에 더해 '웹사이트의 지식'을 활용하고 있는 것이다. 지금까지의 영작의 한계를 뛰어넘을 수 있도록 해 주는 도구—그것은 바로 Google 검색이다.

이 책은 이때 필요한 Google 검색 기술에 대해 구체적으로 소개하고 있다. 전 세계인의 지혜의 집합체인 '웹상의 지식'을 활용하여 영작의 새로운 시대를 열어보자.

목차

시작하며

이 책의 목적

이 책에 대하여

Introduction

PART 1. Google 사용법

Chapter 1. 화면 준비 – 모든 것의 시작

1. 왜 Google인가? • 029

2. Google 화면 준비 • 031

3. 검색하는 법, 결과 보는 법 • 033

Chapter 2. 두 개의 강력한 기술 – 어려운 기술은 필요 없다

1. 만능 검색 기술 • 038

2. 큰따옴표(" ")를 활용한 구절 검색 • 038

3. 별표(*)를 활용한 구절 검색 • 042

EXERCISES · 045

해설 · 047

> Chapter 3. **'인기 랭킹'과 '괄호 넣기'**

1. 헷갈릴 때는 '인기 랭킹' – 검색 건수로 판단하자 · 049
2. 자신 없을 때의 응용법 · 050
3. 인기 랭킹으로 설득하자 · 054
4. 모를 때는 '괄호 넣기' – 답을 찾는 방법 · 056
5. 조건을 쉽게 만드는 '괄호 넣기' · 059

PART 2. 영문 체크 간단 기술

> Chapter 4. **꼭 맞는 전치사** – 이젠 헤매지 말자

1. 영어 전치사가 어렵다면 · 065
2. 구절 검색으로 전치사 고르기 · 066
3. 와일드카드 검색으로 전치사 선택하기 · 070
4. 우리말 조사로는 판단하기 어려운 전치사 사용법 · 073
5. 의외의 발견 – 검색의 묘미 · 076

EXERCISES · 078

해설 • 079

[coffee break 1] 검색에 관한 질문 - 검색이 잘 안 돼요 • 080

Chapter 5. 적절한 동사 찾기 - 잘 연상되지 않는 영어 동사

1. 취급하다=carry? • 083
2. 동사 위치 파악하기 • 085
3. 검색으로 영어 동사 찾기 • 088
4. 일대일 대응이 불가능한 우리말과 영어 • 092
5. 검색으로 떠나는 단어 사냥 • 095

EXERCISES • 098

해설 • 099

[coffee break 2] 이미지로 영어 단어를 '보자' • 100

Chapter 6. 정확한 형용사와 부사 찾기 - 꼭 들어맞는 단어 발견하기

1. 오바마 대통령이 글래머라고? • 103
2. 단어의 궁합 체크하기 • 105
3. 문장 안에서 형용사가 쓰일 위치를 이해하자 • 106
4. 형용사를 추가해 관용표현 마스터하기 • 109
5. 부사 위치 파악하기 • 111

6. 안성맞춤 형용사와 부사 찾기 • 113

7. 두 개의 와일드카드 사용법 • 117

EXERCISES • 122

해설 • 123

[coffee break 3] 사이트의 신뢰성에 대해 • 124

Chapter 7. **사전에 없는 말 찾기** – 의외로 쉬운 방법

1. 제일 간단한 방법부터 • 128

2. 원클릭으로 한영대역 찾기 • 130

3. 사전으로는 찾기 어려운 단어 찾기 • 131

4. 현장에서 사용하는 독특한 표현 • 136

EXERCISES • 141

해설 • 142

[coffee break 4] 우리말을 다른 단어로 바꿔보자 • 143

PART 3. 네이티브 감수자, 인터넷

Chapter 8. **일단 나의 영작을 검색해 본다** – 검색 결과가 0인 경우도 있다

1. self check • 149

2. 스펠링은 기본 – Google에서 스펠링을 체크하자 • 151

3. 일치하는 결과가 없다! • 153

4. 시행착오의 방법 • 156

EXERCISES • 168

해설 • 169

[coffee break 5] 인터넷 검색의 함정 – '표절'의 위험성 • 170

Chapter 9. **사전에 실린 단어, 정말 사용해도 될까?** – 문맥으로 접근하자

1. 문맥과 collocation의 문제 • 176

2. 영어다운 영어를 습득하자 • 178

3. 문맥으로 단어를 찾는 접근법 • 180

4. '전문가의 지식'과 '웹상의 지식' • 183

[coffee break 6] 한국식 영어를 체크하라 • 186

PART 4. 오프라인에서도 명쾌한 영어를

Chapter 10. **명쾌한 영어란?** – 정보발신을 위한 처방전

1. 완성 후에는 반드시 다시 보라 • 193

2. 목표 • 193

3. 명쾌한 영어인가 아닌가 - 기준 • 194

4. 구체적인 기술 • 197

| Chapter 11. **간단 self check①** - 앞에서부터 다섯 단어에 밑줄 |

1. 정보량을 판단하는 방법 • 200

2. 영어는 요점 먼저 • 200

3. '누가 무엇을 했다' - 주인공에게 스포트라이트를 • 204

4. 지나친 강조는 역효과 • 207

EXERCISES • 212

해설 • 213

[coffee break 7] 한영 문장 구조 비교(1) • 214

| Chapter 12. **간단 self check②** - 주어와 동사에는 동그라미 |

1. 영어의 뼈대는 주어와 동사 • 217

2. 주목: 주어와 동사의 활용은 옳은가? • 217

3. 주목: 주어와 동사의 거리는? • 220

4. 주목: 주어+동사는 몇 개? • 223

5. 관계대명사를 빼라 - 문장 구조가 단순해진다 • 228

EXERCISES • 231

해설 • 232

[coffee break 8] 한영 문장 구조 비교(2) • 233

Chapter 13. **간단 self check③** – 단어 개수 세기

1. 명쾌한 문장은 단어 수가 적다 • 237

2. 같은 내용, 짧은 문장 • 238

3. 더 구체적인 단어 • 241

4. 강한 동사, 강한 문장 • 243

EXERCISES • 248

해설 • 249

[coffee break 9] 묘사력과 '강한 동사'의 관계 • 250

마치며

역자 후기

PART 1

Google 사용법

이 파트에서는 Google 검색을 충분히 활용하기 위한 기본적인 준비-구체적으로는 화면 준비와 검색 결과 보는 법-에 대해 설명하고 있다. 준비가 끝나면 영어를 읽고 쓰는데 도움이 되는 두 개의 간단한 검색 기술을 소개할 것이다. 이미 Google을 사용하고 있더라도 이 방법을 몰랐다면 신선한 느낌을 받을 수도 있을 것이다. 용도에 따라 검색 방법을 적절히 활용하면 앞으로는 영작이 훨씬 즐거워지고 실력 또한 향상될 것이다. 방법은 아주 간단하다!

Chapter

01

화면 준비 – 모든 것의 시작

왜 Google이 영어 검색에 적합하다고 하는 건지 의문을 갖는 사람도 있을 것이다. 또한 특수한 준비가 필요하거나 화면상의 정보를 읽는 방법이 독특한 건 아닌지 부담이 느껴질지도 모르겠다.

이 장에서는 이런 의문에 대해 하나하나 자세히 설명하려고 한다. 조금도 어렵지 않다. 기본적인 것만 기억해두면 모든 경우에 응용할 수 있으므로 일단은 긴장을 풀고 읽어주기 바란다. 오히려 너무 쉬워서 놀랄지도 모르겠다.

또한 이미 Google 검색에 익숙한 사람에게는 그다지 새로운 정보가 아닐지도 모르겠으나 일단 한번 훑어보며 기본을 확인하는 기회로 삼아보면 어떨까.

왜 Google인가?

다들 알겠지만 인터넷 검색 사이트는 여러 개가 있다. 그런데 이 책에서 Google을 선택한 이유는 다음의 세 가지 때문이다.

1. 심플하다.
2. 세계표준이다.
3. 검색 결과는 신뢰성이 높은 웹사이트 순서대로 상위 랭크된다.

일단 첫째 '심플하다'에 대해서는 굳이 설명할 필요 없이 Google 화면을 보면 금방 알 수 있을 거로 생각한다. 기본적인 검색 화면 디자인은 Google 로고 아래 좁고 긴 박스와 검색 시작 버튼이 있을 뿐이다. 이 상자는 '키워드 박스'라 불리는데 자신이 찾고 싶은 정보로 인도하는 열쇠가 되는 단어(키워드)를 여기에 넣으면 된다. 전체적으로 여백이 많은 화면 디자인은 Google이 바로 '정보 검색용' 사이트라는 인상을 준다.

둘째 '세계표준'인가 아닌가는 영어로 정보를 검색할 때 아주 중요한

기준이 된다. Google은 세계적으로 높은 점유율을 자랑하며 각국의 수많은 사람이 일상적으로 Google을 활용해 정보를 얻고 있다. 이는 고유명사 Google이 이미 'Google을 활용해 정보를 검색하다'라는 의미의 영어 동사로 쓰인다는 점만 봐도 알 수 있다. 예를 들면 다음과 같다.

I googled the keywords on the Internet, getting 45,700 hits.

(이 키워드를 인터넷에서 Google 해보니 검색 수가 45,700개였다.)

이처럼 영어권 사람들에게 Google로 정보를 검색하는 것은 일상적인 일이다. 이런 Google을 이용하면 웹상에 집적되어 있는 영어 정보를 각종 사전 대신으로 활용할 수 있고 또한 자신의 영어를 감수받을 수 있는 도구로도 이용할 수 있다.

이번에는 세 번째 이유 '검색 결과는 신뢰성이 높은 웹사이트 순서대로 상위 랭크된다'에 대해 설명하겠다. Google을 사용할 때는 키워드를 넣고 '검색' 버튼을 클릭한다. 그럼 Google은 그 키워드를 포함하는 정보를 전 세계의 웹사이트에서 찾아 결과를 화면에 표시해 준다. 이때 수만 건이나 되는 웹페이지가 검색되는 경우도 있는데, 이를 어떤 순서로 표시하느냐가 검색 결과의 유용성을 가늠하는 중요한 열쇠가 된다. 왜냐하면 우리는 그렇게 많은 영문 페이지를 다 훑어볼 수 없으며 상위 10개 또는 많아야 20~30개 정도의 정보에만 관심이 있기 때문이다. Google에서는 더 많은 사람이 '이 정보는 도움이 되었다'고 평가한 페이지가 상위에 랭크되도록 설계되어 있다. 바꿔 말하면 Google은 좋은 사이트 순위 선정에 인터넷 유저의 의견을 반영하고 있는 것이다. 좋은 평가를 받고 있는 정보일수록 검색 결과 화면의 상위에 오르는 시스템이다.

이제 이 세 가지 이유에 공감이 됐는지 모르겠다. 다음은 실제 준비와 기술로 넘어가 보자.

Google 화면 준비

맨 처음 준비는 이렇게 하자. Google의 홈페이지는 아래의 URL에 있다. URL은 Uniform Resource Locator의 약자이며 인터넷상에 개설된 웹사이트에 해당한다.

http://www.google.co.kr

이 페이지에서는 우리말이든 영어든 일본어든 모두 검색이 가능하다. 하지만 영어로 검색할 것이 아니라면 각자 자기 나라 언어를 사용하는 게 편리할 것이다. 영어 정보를 검색하기 위한 준비를 위해서는 다음 세 가지 단계를 거쳐야 한다.

1. 검색 창 오른쪽에 있는 '고급검색'에서 '언어 설정'이 '모든 언어'로 설정되었는지 확인한다.
2. 좁고 긴 박스에 검색하려는 단어(이 책에서는 키워드라 부르기로 하자)를 넣는다.
3. 'Google 검색' 버튼을 클릭 또는 키보드의 Enter키나 Return키를 누른다.

'언어도구' 클릭

2010.09.01

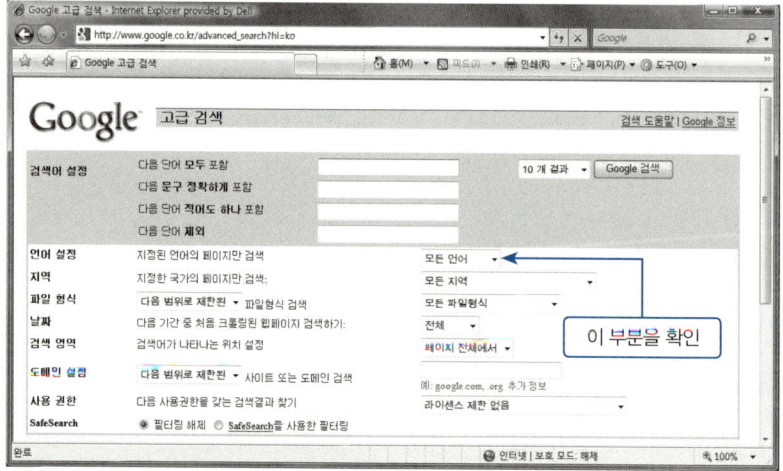

이 부분을 확인

2010.09.01

　'모든 언어'로 설정되어 있지 않으면 특정 언어의 웹사이트만 검색되고 영어 표현은 수집할 수 없게 된다. 영어 정보를 검색하기 전에 반드시 이 버튼에 체크 표시가 되어 있는지 확인해야 한다.

검색하는 법, 결과 보는 법

첫 단계로 키워드를 넣어보자. 방금 전에 Google이 동사화되어 있다고 소개했는데 '저자의 말이 사실인가?'싶은 의문이 든다면 Google과 verb(동사)라는 두 단어를 키워드로 검색해 보자.

키워드를 넣는 곳 → google verb

Google은 키워드가 대문자이든 소문자이든 구분하지 않기 때문에 어느 쪽도 상관없다. Google verb이든 Google Verb이든 GOOGLE VERB 이든 무엇을 입력해도 결과는 같다. 대문자를 넣기 위해 Shift 키를 누르는 것도 번거로우니 대개는 소문자만 사용하는 게 능률적이다.

키워드를 입력하고 검색 버튼(혹은 Enter 키, Return 키)을 누르면 화면은 다음과 같이 바뀐다. Google 프로그램이 인터넷에 떠도는 Google이라는 단어와 verb라는 단어가 포함된 웹페이지를 찾아온 것이다.

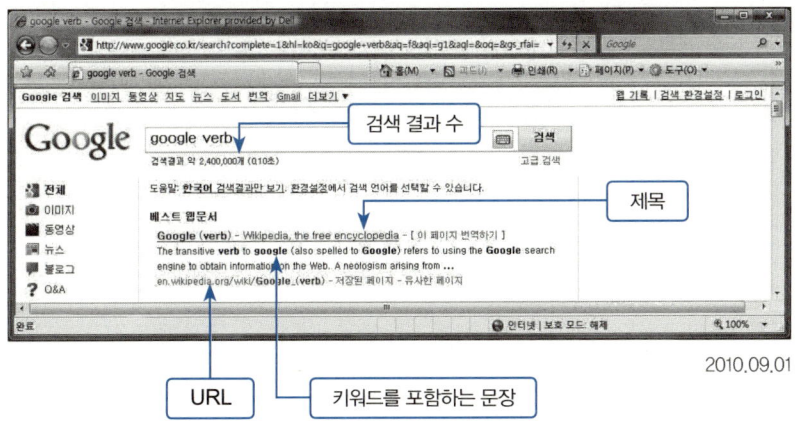

2010.09.01

● 검색 화면 보는 법

① 검색 건수

　웹상에서 google verb라는 키워드가 포함된 웹페이지가 몇 건 있는지 Google이 찾아낸 건수를 표시하고 있다.

　　google verb의 검색 결과: 약 2,400,000건 (0.10초)

　이 메시지는 키워드를 포함하는 웹페이지가 2,400,000건 발견되었다는 것을 의미한다. 괄호 안의 0.10초는 검색에 걸린 시간이다. 검색 건수는 세계적으로 얼마나 많은 사람이 이 키워드를 실제로 사용하고 있는가를 나타낸다. 건수가 많을수록 그 키워드는 보편적이며 적을수록 그다지 사용하지 않는 말임을 시사한다.

② 제목

　파란 글씨로 된 제목을 보면 제목에는 검색된 정보의 출처를 알 수 있는 단어가 포함되어 있다. 예를 들어 사전 사이트라면 dictionary, 신문사 사이트라면 news와 같은 단어가 포함되어 있다.

　　Google (verb) - Wikipedia, the free encyclopedia

　이 검색에서는 Wikipedia, the free encyclopedia(위키피디아, 무료백과사전)가 랭크 1위로 검색되었다. Wikipedia는 누구나 자유롭게 편집·열람할 수 있는 인터넷상의 백과사전인데, 세계 최대로서 우리나라에도 잘 알려져 있으며 각국 언어 버전이 있다. 여기서 검색된 것은 영어 버전이다.

③ URL

URL은 인터넷상의 주소다. 페이지를 작성한 사람이 어떤 단체 또는 개인인지, 조직의 종류와 어느 나라 사이트인지 등을 나타내는 정보가 포함되어 있다.

en.wikipedia.org/wiki/Google_(verb)

④ 키워드를 포함하는 문장

Google은 표시된 사이트 가운데 키워드가 포함된 문장 일부를 표시하고 있다. 검색에 사용된 두 개의 키워드 google과 verb는 눈에 잘 띄도록 볼드체로 표시되어 있다.

> 1~2행 - The transitive verb to google (also spelled to Google) refers to using the Google search engine to obtain information on the Web.
> (동사 'Google 하다'(Google로 표기하기도 함)는 웹상의 정보를 얻기 위해 Google 검색 엔진을 사용하는 것을 의미한다)

이 설명을 읽어보면 '정보를 얻기 위해 Google 검색하다(=Google하다)'라는 의미로 동사 google이 사용되고 있음을 이해할 수 있다. 더 자세한 내용을 알고 싶으면 파란색 제목 Google (verb) - Wikipedia, the free encyclopedia를 클릭하면 된다. 해당 페이지가 열리면서 동사로 사용되는 단어 google에 대한 자세한 설명을 읽을 수 있다. 이 온라인 백과사전에 따르면 동사로 인정되는 단어 google은 2006년에 옥스퍼드 영어사전에 수록되었다고 한다.

이번 예에서는 랭킹 1위의 정보를 통해 검색의 목적이 달성되었다. 검색 결과 화면에서는 랭킹 2위 이하 역시 키워드를 포함하는 문장이 나열되어 있다. 온라인 사전이나 영자신문 등은 정보원으로서 신뢰할 수 있으므로 일단 제목을 먼저 확인해 보기 바란다.

자, 그럼 준비가 끝났으니 본론으로 들어가 보자. 다음 장에서는 검색을 위한 두 개의 강력한 기술에 대해 소개하겠다.

Chapter 02

두 개의 강력한 기술
– 어려운 기술은 필요 없다

   자, 이제 이 책의 '주인공' 역할을 하는 두 개의 만능 기술(부호)이 등장할 차례다. 검색의 정확도를 높이기 위해서는 이 두 가지 부호가 필수적이다.

   첫 번째는 '구절 검색'이라는 것인데, 반각의 큰따옴표(" ")를 활용하는 방법이다. 이 부호를 사용함으로써 여러 개의 단어를 지정한 순서대로 검색할 수 있다.

   두 번째는 '와일드카드 검색'이다. 앞서 말한 큰따옴표와 마찬가지로 와일드카드(*)–별표, 아스테리스크라고도 한다–를 사용한다. * 부호를 검색할 문장 안에 삽입함으로써 다양한 표현을 검색할 수 있다.

   자세한 것은 본문에서 설명하겠으나 이 두 가지 검색 방법을 활용함으로써 내가 원하는 문장에 꼭 맞는 영어 표현을 금세 찾아낼 수 있다. 일단은 본문을 읽고 Google 검색으로 펼쳐지는 영작의 세계로 들어가보자.

만능 검색 기술

Google뿐만 아니라 어떤 검색 엔진에서도 우리말로 된 정보를 찾을 때는 키워드를 입력하고 검색 키를 누르면 그걸로 충분하다. 우리말의 경우는 키워드를 덧붙여가며 검색 결과를 좁혀간다.

하지만 영어로 된 정보는 단순히 떠오르는 영어 단어를 첨가하는 것만으로는 효율적인 검색이 되지 못한다. 영어로 키워드를 검색할 때는 약간의 요령이 필요한데 이 요령을 알고 있을 때와 그렇지 못할 때는 검색 결과에 하늘과 땅만큼의 차이가 생긴다. 자, 이제 영어로 원하는 정보를 찾아낼 수 있는 '강력한 기술' 두 가지를 살펴보자.

① **구절 검색**

사용 도구는 " " (큰따옴표)

② **와일드카드 검색**

사용 도구는 * (별표)

'강력한 기술'이지만 사용법은 아주 간단하므로 안심하기 바란다.

큰따옴표(" ")를 활용한 구절 검색

영어 문장을 의미의 덩어리로 보고 단어의 순서를 지정하여 검색하는 기술을 '구절 검색'이라 한다. 이 기술은 큰따옴표 " "로 여러 개의 영어 단어를 묶기만 하면 된다.

tradition has it that을 예로 들어 생각해보자. 이 네 개의 단어는 이 순서대로 정렬해놓았을 때만 '전통에 따르면'이라는 의미를 갖는다. 여러 개의 단어가 어떤 지정된 순서로 정렬되어 특정한 의미를 가질 때 우리는 이를 관용구라 부른다. 여기서 tradition has it that이라는 관용표현을 배웠으니 한번 사용해 보고 싶은데 사전에는 예문이 나와 있지 않거나 어떤 문장에서 사용되는지 궁금하다고 가정해 보자.

우선, tradition has it that을 그대로 키워드 박스에 넣어보면 어떤 일이 벌어질까?

| 키워드 | tradition has it that |

Google은 이 네 개의 단어를 위에 정렬된 순서대로 찾을 수 있는 능력이 없다. 네 개의 단어가 마구 흩어져 있어도 전혀 신경 쓰지 않을뿐더러 대명사 it과 that은 단어 자체에 의미가 거의 없기 때문에 무시하기까지 한다. 따라서 tradition has it that을 그대로 입력하면 tradition과 has라는 단어가 포함된 온 세상의 웹페이지가 모두 표시되고 만다. 검색을 하는 이유가 관용표현 tradition has it that의 쓰임을 알고 싶기 때문인데, 도움도 되지 않는 결과만 잔뜩 달려드는 꼴이 되고 만다.

그래서 영어 표현을 검색할 때는 문장이라 불리는 의미의 덩어리를 지정하여 검색하는 게 아주 중요한 요령이다. 큰따옴표 " "로 복수의 단어를 묶으면 Google은 지정된 단어가 그 순서대로 포함된 문장만을 웹에서 검색해낸다.

tradition has it that을 큰따옴표로 묶어 입력하면 이 문장을 '전통에 따르면'이라는 의미의 덩어리로 다룰 수 있게 되는 것이다.

| 키워드 | "tradition has it that"

큰따옴표 " "로 묶는다

이 키워드를 입력한 후 검색 키를 누르면 Google은 "tradition has it that"을 포함하는 문장을 발견하여 컴퓨터 화면에 표시해 준다. 결과적으로 우리는 '전통에 의하면'이 들어간 많은 영문을 만날 수 있게 되는 것이다. 예를 들어 어떤 사이트에서는 tradition has it that이 다음과 같이 사용되고 있었다.

Korean tradition has it that a small hut made of straw and wood, that's the 'daljip' part, is burned on the day of the first full moon of the first lunar year.
(한국의 전통에 따르면 짚과 나무로 만드는 작은 오두막인 '달집'을 음력 설의 첫 보름날 밤에 태워버린다.)

조인스닷컴 article.joins.com/article/article.asp?total_id=120125

검색되는 문장의 수는 매일 변한다. 2010년 9월 현재 시점에서는 tradition has it that을 구절 검색해 보면 570만 개 이상의 웹페이지에서 이 표현이 사용됐다는 결과가 나온다.

| 키워드 | "tradition has it that"
| 검색 결과 | 5,700,000건

구절 검색 결과, 검색 조건은 단어를 늘리면 늘릴수록 까다로워진다. tradition has it that 앞에 Korean을 넣으면 검색 수는 훨씬 더 줄어든다.

키워드	"Korean tradition has it that"
검색 결과	17건

이처럼 문장을 검색할 때는 누구나 사용하는 관용표현만 지정하면 검색 수가 많아지고 단어를 첨가해 내용의 범위를 축소하면 할수록 검색 결과가 줄어든다.

• 참고

it과 that을 단독으로 입력했을 때, Google은 이를 무시한다고 앞에서 설명했다. 이 외에 큰따옴표로 묶지 않은 상태에서 입력했을 때 검색 대상에서 제외되는 단어에는 다음과 같은 것들이 있다.

the, a 등 관사
for, at, in, on 등 전치사
@, /, %, =, ? 등 구두점과 특수기호

강력한 기술 No. 1

구절 검색:
복수의 단어를 지정 순서대로 검색하기 위해서는 큰따옴표 " "로 묶는다.

키워드 예	"tradition has it that"
결과	전통에 관한 것, 소식통에 의한 문장이 다수 검색된다.

별표(*)를 활용한 구절 검색

다음 소개할 '강력한 기술'에서 사용할 도구는 별표 * 이다. 이 작은 별표를 사용함으로써 궁금한 부분을 정확하게 검색할 수 있게 된다. 별표를 사용하는 검색 방법은 와일드카드 검색법이라 불린다(별표 검색이라 부르는 사람도 있음).

와일드카드(wild card)란 무엇일까? 트럼프 놀이에서 흔히 볼 수 있는데 여러분도 아마 '조커는 어떤 카드 대용으로도 사용할 수 있다'는 규칙을 정한 적이 있을 것이다. 조커는 스페이드의 에이스나 다이아몬드의 킹 등 만능 카드로 사용되며 '와일드카드'라 불린다. Google 검색에서는 반각 별표를 조커와 같은 역할의 와일드카드로 활용할 수 있는데, 그 자리에 어떤 단어가 몇 개 와도 상관없다는 의미로 사용된다. 또한 와일드카드는 반드시 큰따옴표와 함께 사용해야 한다는 사실도 잊지 않도록 주의해야 한다.

그럼, 앞의 예와 비슷한 관용구인 rumor has it that(소문에 의하면)으로 시험을 해보자. "rumor has it that"에 와일드카드(*)를 넣고 bankruptcy(도산)라는 단어를 덧붙여보자. 이때 와일드카드 앞뒤로 스페이스를 한 칸씩 넣어야 한다.

"rumor has it that * bankruptcy"

↑ ↑

스페이스

앞뒤로 스페이스를 넣으면 **OK!**

이 키워드로 어떤 검색 결과가 나올까? 검색 버튼을 클릭하면 Google은 인터넷에서 다음과 같은 문장을 찾아낸다.

Rumor has it that California may soon declare bankruptcy.

(소문에 의하면 California는 곧 파산을 선언할 것 같다.)

http://blogs.myspace.com/index.cfm?fuseaction=blog.view&friendId=446329766&blogId=504920103

키워드 안의 와일드카드(*) 위치에 해당하는 단어는 California may soon declare이다. 이 예에서는 지정된 단어 사이에 낀 별표(*) 자리에 네 개의 단어가 놓여있다. 하지만 한 개의 단어만 있는 경우도 있다. 와일드카드(*) 검색으로 '소문에 의하면 ~ 도산'이라는 문장을 찾도록 지정한 것이다. 따라서 도산 소문과 관련된 문장만 대량 검색되며, 다양한 표현을 모을 수가 있다. 관용표현 중에는 사전에 의미는 실려있지만 용례가 없는 것도 많은데 그럴 때 그 관용구가 실제 문장에서는 어떻게 사용되고 있는지 Google을 활용하면 화제의 범위를 좁혀 검색할 수 있다.

이 와일드카드는 영어판 Google의 Web Search Help 페이지에서 fill in the blanks로 불리며 강력한 기능으로 소개되고 있다. 예를 들어 "Obama noted * on the * bill"이라는 키워드가 있다고 치자. 이 문장을 검색하면 오바마 대통령이 각종 법안에 대해 어떤 표를 던졌는지에 대해 기술한 문장이 검색 결과 화면에 표시된다. 바로 이런 식으로 말이다(파란 글씨가 별표가 있던 자리다).

Obama noted no on the bankruptcy bill.
(오바마는 파산 투표에서 반대표를 던졌다.)

fill in the blanks는 '공백을 메우다'는 뜻이다. 이처럼 와일드카드 검색에서 Google은 키워드 안에 지정된 빈 공간을 웹에서 발견한 임의의 단어로 채워준다.

강력한 기술 No. 2

와일드카드 검색:

문장을 큰따옴표(" ")로 묶고 임의의 위치에 별표(*)를 넣으면 '이 장소에 어떤 단어가 몇 개 들어와도 된다'는 것을 지정한다. Google은 별표 대신에 실제로 사용되는 단어를 넣어 결과를 돌려준다.

키워드 예	"rumor has it that * bankruptcy"
결과	도산에 관한 소문과 관련된 문장이 다수 검색된다.

EXERCISES

1. make away with라는 관용구에는 '가지고 도망치다'라는 의미가 있다. '그는 ~을 가지고 도망쳤다'의 용례를 찾아보기 위해 다음 두 종류의 키워드를 검색해 결과의 차이를 확인해 보기 바란다.

    영어 단어를 그대로 입력한다.
    | 키워드 |　he made away with

    큰따옴표로 묶은 후 구절 검색한다.
    | 키워드 |　"he made away with"

    어느 키워드가 더 효과적인가?

2. rumor has it that은 '소문에 의하면'이라는 뜻의 관용표현이다. 이를 큰따옴표로 묶은 다음 구절 검색해 보자. 어떤 예문이 보이는가? 검색 결과는 몇 개인가?

EXERCISES

3. rumor has it that(소문에 의하면)이 들어간 표현을 더 많이 수집해보자. 소문이라 하면 남녀관계와 관련된 것이 많은 법이다. '소문에 의하면 ~ 결혼'과 같은 내용의 영문을 찾으려면 와일드카드(*)가 유효한데 다음과 같은 키워드를 생각해 볼 수 있겠다.

    "rumor has it that * married"
    "rumor has it that * marriage"
    "rumor has it that * marry"

    실제로 와일드카드 검색을 시도해 보자. 이때 Google '고급 검색'으로 들어가 언어나 지역 등에 제한이 걸려있지는 않은지 확인해야 한다.

> 해설

1. " "로 묶느냐 아니냐에 따라 그 차이는 엄청나다. 따옴표로 묶음으로써 made away with의 관용구로서의 사용법을 알아볼 수 있다.

2. 6백만 건이나 되는 사이트가 검색되므로 이 관용구가 들어간 많은 영어 문장을 확인할 수 있다.

3. 예를 들면 다음과 같은 표현이 있다.

   키워드 "rumor has it that * married"
   Rumor has it that she is going to be married.
   (소문에 의하면 그녀는 결혼할 것 같다.)

   키워드 "rumor has it that * marriage"
   Rumor has it that XXXX is considering marriage.
   (소문에 의하면 XXXX는 결혼을 생각하고 있는 것 같다.)

   Rumor has it that their marriage is in trouble.
   (소문에 의하면 그들의 결혼은 문제점이 있는 것 같다.)

   키워드 "rumor has it that * marry"
   Rumor has it that he asked her to marry him.
   (소문에 의하면 그는 그녀에게 청혼한 것 같다.)

관용구 rumor has it that 뿐만 아니라 동사 marry가 실제로 어떻게 사용되고 있는지, 그 표현 방법도 수집할 수 있다. 이런 식으로도 영어 공부를 할 수 있는 것이다.

Chapter 03

'인기 랭킹'과 '괄호 넣기'

지금까지 구절 검색과 와일드카드 검색에 대해 소개했다. 다음에는 이 두 개의 기술을 어떤 형태로 영작에 응용할 수 있는지에 대해 이야기해 보자.

우선, 구절 검색에는 '인기 랭킹'을 이용할 수 있다. 영어로 글을 쓸 때 내가 쓰고 있는 이 말이 과연 맞는 건지 확신이 서지 않는 경우가 있을 것이다. 그럴 때는 구절 검색을 이용해 이 표현이 전 세계적으로 얼마나 사용되고 있는지 알아보자. 이 책에서는 이러한 사용 빈도를 '인기 랭킹'이라 부르기로 하겠다.

한편, 와일드카드 검색에는 '괄호 넣기'라는 방법도 있다. 이 방법은 원래 어떤 단어를 사용해야 할지 모를 때 그 효과를 발휘한다. 예를 들어 어떤 전치사를 써야 할지 모를 때, 전치사 자리에 와일드카드를 넣고 검색해 보면 정확한 단어가 표시된다. 여기서는 이를 '괄호 넣기'라 부르기로 하자.

자, 그럼 이 각각의 기술을 자세히 살펴보자.

헷갈릴 때는 '인기 랭킹' – 검색 건수로 판단하자

영어로 작문을 하다가 키보드를 치던 손가락이 딱 멈추는 것은 어떤 경우일까? 내가 쓰고 있는 문장이 틀린 건 아닐까 불안해지기 시작하면 좀처럼 진도가 나가지 않는다. 이럴 때는 구절 검색을 통해 내가 쓴 표현이 실제로 사용되고 있는지 아닌지 확인해 보자. 한 영어 블로그 운영자가 오랫동안 쉬었다가 다시 글을 쓰기 시작하면서 다음과 같은 인사말을 올리는 경우를 예로 들어보겠다.

블로그 마지막 업데이트 이후 오랜 시간이 지났습니다.
It has been a long time since I updated my blog.

이런 식으로 써놓고 it has been a long time since가 맞는지 아닌지 의심스럽다면 그 구절에 큰따옴표를 쳐서 검색해 보자.

> 키워드   "it has been a long time since"

그러면 500만 건 이상의 웹사이트가 검색될 것이다(2010.09.01 기준). 이 숫자는 웹에서 키워드 인기투표를 실시한 결과 500만 명 이상의 지지를 얻은 것이라 풀이할 수 있다. 즉, 이 표현은 틀리지 않으며 안심하고 사용해도 된다. 바로 이것이 인터넷을 네이티브 감수자처럼 활용하는 방법이다. 검색 건수가 어느 정도 되어야 하는가 하는 기준은 입력하는 키워드가 어느 정도 일반적인 말인가에 따라 다르다. 하지만 만 단위 이상 된다면 대개는 안심하고 사용할 수 있다. 한 자릿수나 일치하는 검색어가 없는 경우는 입력한 영어가 틀렸거나 부자연스럽다는 뜻이다.

자신 없을 때의 응용법

젊은 엔지니어인 상우는 한 자동차 회사의 연구개발센터에서 근무한다. 영어에 자신이 없어 대학에서 이과에 진학했는데 막상 회사에 들어와보니 해외 부품 회사나 기술자와 연락을 주고받으며 영어를 사용해야 하는 상황이 되고 말았다. 처음에는 자신이 없어서 영어로 메일을 쓰려고 컴퓨터 앞에 앉아서도 쭈뼛쭈뼛 키보드조차 건드리지 못했다. 하지만 구절 검색 기술을 알고 난 뒤로는 다양한 문장을 입력하며 검색 건수를 비교하면서 메일을 쓰고 있다.

오늘은 회사가 주최하는 기술 페어에 관한 문의에 대하여 답장을 쓰고 있는데, 서두에 '~에 관한 문의'에 해당하는 전치사가 into인지 about인지 헷갈려 고민 중이다.

기술 페어에 관해 문의해 주셔서 감사합니다.

[검색 방법] Thank you for your inquiry (into? about?) the Technical Fair.

상우는 즉각 두 표현의 검색 결과 건수를 비교해 보기로 했다. 구절 검색이므로 큰따옴표로 구절을 묶어야 하지만, Technical Fair를 넣으면 특수한 내용이 되어버리기 때문에 흔히 사용될 것 같은 단어까지만 묶었다.

| 키워드 | "thank you for your inquiry into"
| 검색 결과 | 581,000건

다음으로 about을 확인해 보기로 했다. 이때 키워드를 전부 다시 입력할 필요는 없다. into만 about으로 바꾼 다음 검색 버튼을 클릭하자.

| 키워드 | "thank you for your inquiry about"
| 검색 결과 | 2,040,000건

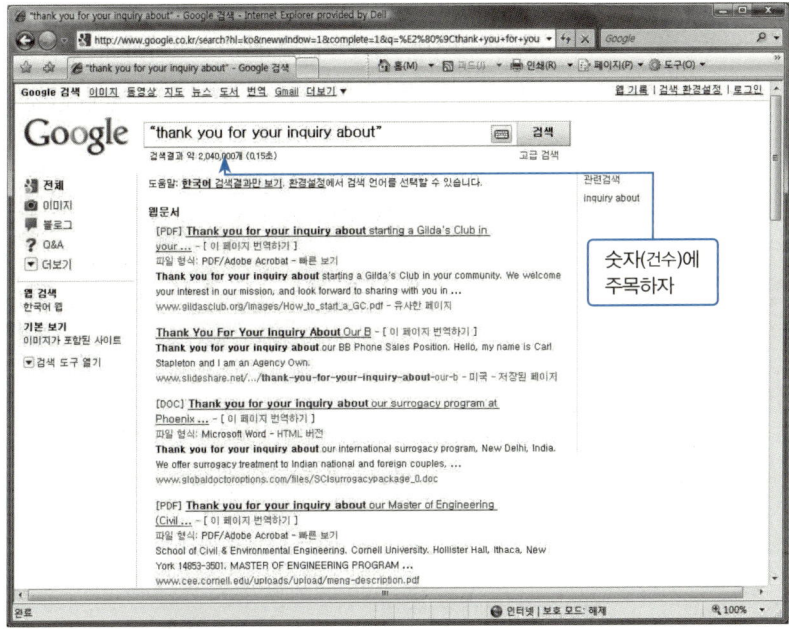

2010.09.01

숫자상으로 차이가 확연하므로 상우는 더 많이 사용되는 about을 선택하기로 했다.

Chapter 03. '인기 랭킹'과 '괄호 넣기' | 51

| 과제문 | 기술 페어에 관해 문의해 주셔서 감사합니다.
| 완성문 | Thank you for your inquiry about the Technical Fair.

다음 문장을 쓰던 상우는 기술 페어에서는 '전시품을 7개의 주요 카테고리로 분류하고 있다'는 문장을 쓰려다 다시 한 번 타이핑하던 손이 멈췄다.

전시품은 7개의 주요 카테고리로 분류하고 있습니다.
| 검색 방법 | The exhibits are classified into seven (chief, main, 혹은 major?) categories.

'주요'에 해당하는 영어로 chief, main, major가 떠올랐는데 이 가운데 가장 적합한 단어는 무엇일까? 상우는 즉시 확인에 들어갔다.

A. seven chief categories
B. seven main categories
C. seven major categories

여러분 생각은 어떠한가? A 혹은 B, C 가운데 마음에 드는 답이 있는가? 아니면 세 개가 모두 비슷비슷하니 아무거나 골라도 상관없을 것 같은가?
이럴 때는 세 개의 구절을 Google로 검색하여 인기 정도를 알아보자. 이번에도 에너지절약 모드로 키워드를 입력한다. 첫 번째는 "seven

chief categories"를 입력하고 두 번째는 chief 대신 main을, 세 번째는 main 대신 major를 넣어 검색 버튼을 클릭하자.

이 정도로 확연한 차이가 날 거라고는 예상하지 못한 결과가 나왔다. 검색 건수를 비교해 보니 chief만 두 자릿수다.

이 결과에서 chief를 이 두 단어 사이에 삽입하기는 부자연스럽다는 사실을 알 수 있다.

검색 결과	A. "seven chief categories"	10건
	B. "seven main categories"	109,000건
	C. "seven major categories"	219,000건
		(2010.09.01 기준)

상우는 main과 major의 검색 건수가 약 두 배 가량 차이가 나지만 크게 개의치 않았다. 평소 경험상 Google의 검색 건수는 매일 변한다는 사실을 알고 있었기 때문이다. 하지만 가장 인기 있는 구절이나 단어를 선택한다는 검색 방침에 따라 major로 결정했다.

과제문	전시품은 7개의 <u>주요</u> 카테고리로 분류하고 있습니다.
완성문	The exhibits are classified into seven major categories.

영어가 모국어가 아닌 우리로서는 단어의 조합이 자연스러운지 아닌지 판단하기가 무척이나 어렵다. 사전이나 참고서도 도움이 안 되므로 부적절한 단어의 조합은 우리의 부자연스러운 영어에 큰 원인을 제공한다.

10년 전만 해도 단어의 궁합을 확인하려면 영한·한영·영영사전 등 여러 권의 사전을 찾느라 한참을 고생했다. 하지만 지금은 인기 랭킹 검색이라는 방법으로 더 나은 단어 혹은 단어의 조합을 그 자리에서 체크할 수 있게 되었으니 이런 수단을 적극적으로 이용하지 않을 이유가 없다.

인기 랭킹으로 설득하자

다음은 수정이 직장에서 경험했던 일이다. 수정은 기획사에 다니고 있는데 상사나 동료 가운데 영어를 잘 하는 사람이 없다. 때문에 직장에서 영어와 관련된 일이 생기면 언제나 어학연수 경험이 있는 수정에게 모든 일이 돌아온다. 연말을 앞둔 어느 날, 회사에서 외국 거래처에 연하장을 보내기로 하면서 다음과 같은 인사말을 넣었다.

새해 복 많이 받으세요.
Hope you have a great new year!

그런데 평소 자기는 영어를 못한다고 공언하던 과장이 'great는 좀 과장된 것 아니냐'고 한마디 하는 게 아닌가. 영어에서는 이런 인사말을 할 때 우리가 보기에는 약간 과장된 듯한 표현을 하는 경향이 있다. 영어가 모국어가 아닌 우리한테 누군가 great는 어느 정도의 '즐거움'을 나타내느냐고 묻는다면 자신 있게 대답하기는 어려울 것이다. 나이는 물론 개인적인 감각까지 다른 상사에게 뉘앙스의 차이를 설명하기란 참으로 어려운 노릇이었다.

이럴 때 인기 랭킹을 이용하면 다른 사람들은 어떤 단어를 사용하는지 그 자리에서 알 수 있다. great new year 외에 어떤 말이 있을까? good이라는 단어가 먼저 떠오를지도 모르겠다. nice도 후보가 될 수 있을까? '새해 복 많이 받으세요'라고 할 때 사람들이 가장 많이 사용하는 표현은 무엇인지 구절 검색으로 살펴보자.

검색 결과	"hope you have a great new year"	17,500,000개
	"hope you have a good new year"	348,000개
	"hope you have a nice new year"	681,000개
		(2010.09.01 기준)

결과가 이러하니 수정은 이제 자신감 있게 "과장님, great가 제일 많이 쓰이네요."라고 답할 수 있다. 이렇게 숫자가 증명해 주니 말이다.

직장이나 학교에서는 누군가에게 자기가 작성한 영문을 봐달라고 부탁하거나 반대로 다른 사람의 글을 봐주게 되는 경우가 종종 있다. '이렇게 써도 괜찮을까?'라는 의문이 들 때, 우리나라 사람들끼리는 질문해 봤자 해결이 나지 않고 그렇다고 해서 바로 옆에 가벼운 마음으로 물어볼 수 있는 네이티브가 있는 것도 아니다. 이럴 때 Google 검색을 하면 전 세계 사람들이 실제로 사용하고 있는 표현을 그 자리에서 알아볼 수 있다. 검색 결과 건수는 개개의 표현이 얼만큼 지지 받고 있는가의 증거(evidence)가 되며 어떤 말을 사용하는가의 판단 기준으로 활용할 수 있다. 이는 내가 쓴 글뿐만 아니라 다른 사람이 쓴 글도 마찬가지다.

인기 랭킹은 '실제로 다른 사람들은 어떤 영어를 말하고 쓰는가'라는 말의 실태를 파악할 수 있는 수단인 것이다.

모를 때는 '괄호 넣기' - 답을 찾는 방법

다음은 두 번째 기술, 와일드카드 검색을 영작에 활용하는 방법에 대해 설명해보자.

앞서 등장했던 상우의 예를 다시 한번 들어 보자. 그는 영문 메일 서두에 올 전치사가 into인지 about인지 자신이 없었다.

기술 페어에 관해 문의해 주셔서 감사합니다.
Thank you for your inquiry (into? about?) the Technical Fair.

결국 상우는 인기 랭킹을 보고 about을 선택했다. 하지만 about이나 into같은 단어가 떠오르는 것만 해도 다행이다. 영작을 하다 보면 어떤 때는 아예 적당한 단어 자체가 떠오르지도 않는 백지 상태가 되는 경우도 있다.

Thank you for your inquiry (　　　) the Technical Fair.
↑ 머릿속은 백지 상태

이런 식으로 말이다. 하지만 이 괄호를 어디선가 본 것 같지 않은가? 그렇다. 학생 때 '괄호 안에 들어갈 적당한 말을 고르시오'라는 형태로 우리를 괴롭혔던 괄호 넣기 문제의 그 괄호다. 자, 그러면 연상 게임을 하나 해보자.

괄호 넣기 → 빈칸 메우기 → Fill in the blanks → Google의 와일드카드(*)

이런 식으로 와일드카드 검색으로 이어질지도 모른다. 자, 이제 와일드카드 검색은 괄호 넣기 문제의 답을 Google에게 찾아달라고 부탁하는 것이나 마찬가지다. 괄호 넣기 문제의 괄호 대신 와일드카드인 별표(*)를 넣어 검색해 보면 Google은 웹상의 영어 자원으로부터 괄호에 들어갈 말을 찾아준다. *를 넣지 않으면 inquiry 다음에 마침표로 끝나는 문장이 상위에 검색되므로 참고가 되지 않는다.

| 초안 | Thank you for your inquiry (　　　) the Technical Fair.
| 키워드 | "Thank you for your inquiry *"
★ 중요: 앞 단어와의 사이에 스페이스를 반드시 넣을 것! Technical Fair는 개별적인 내용이므로 넣지 않는다.

결과를 보자. 건수가 아니라 결과 화면에 주목해 보면 키워드가 굵은 글씨로 표시되어 있음을 알 수 있다. 와일드카드의 위치에는 실제로 검색된 문장에서 사용된 단어가 들어 있다. 이때, 표시된 영문을 전부 다 읽을 필요는 없다. 굵은 글씨 부분만 주의 깊게 보고 와일드카드 대신 어떤 단어가 들어 있는가만 확인하자. 그런데 앞에서 상우가 입력한 about도 아니고 into도 아닌 regarding이 상위에 올라와 있다. regarding도 전치사의 일종이며 '~에 관해서'를 의미하는 단어다.

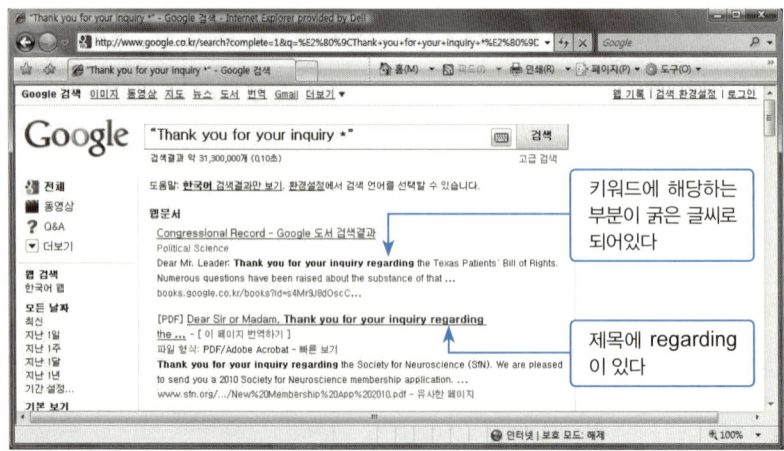

2010.09.01

생각지도 못했던 단어 regarding이 검색되었기에 상우는 구절 검색을 통해 앞에서 찾아봤던 into와 about과 regarding의 인기 순위를 알아봤다.

검색 결과   "Thank you for your inquiry into"   581,000개
            "Thank you for your inquiry about"   2,030,000개
            "Thank you for your inquiry regarding" 462,000개

(2010. 09.01 기준)

about의 인기도가 가장 높았다. 이처럼 와일드카드 검색을 하면 최적의 단어를 찾을 수 있다. 또한, 빈칸을 만드는 감각만 있으면 와일드카드를 자유롭게 구사할 수 있게 된다.

조건을 쉽게 만드는 '괄호 넣기'

 와일드카드는 적당한 단어가 생각나지 않을 때 빈칸 좀 채워달라고 Google에 답을 구하는 것 외에 키워드의 범용성을 높이는 데도 사용된다.

 예를 들면 '10개월 전과 비교하여'라는 문장을 표현하는데 compared to ten months ago가 적절한지의 여부를 확인하기 위해 이 상태로 구절 검색을 하면 10개 미만의 결과밖에 나오지 않는다. 검색 범위를 제한하지 않고 있음에도 불구하고 몇 건 검색되지 않으면 '틀렸나 보다' 싶은 생각이 든다. 하지만 이 구절에는 ten이라는 조건을 좁히는 숫자가 들어있기 때문에 다른 숫자나 단어의 가능성을 배제하고 있다. 그래서 키워드의 조건을 완화시키기 위해 ten 대신에 '몇 개월이라도 상관없다'를 뜻하는 와일드카드(*)를 넣는다. 일부러 빈칸을 만드는 것이다. 그러면 검색 결과는 크게 증가한다.

> 키워드   "compared to * months ago"

 검색된 화면에는 compared to six months ago, compared to twelve months ago 등, 와일드카드의 위치에 다양한 숫자나 단어가 들어간 문장이 표시되어 있다. 이로써 안심하고 compared to XX months ago를 'XX개월 전과 비교해'에 해당하는 영어 표현으로 사용할 수 있다는 확신이 생긴다.

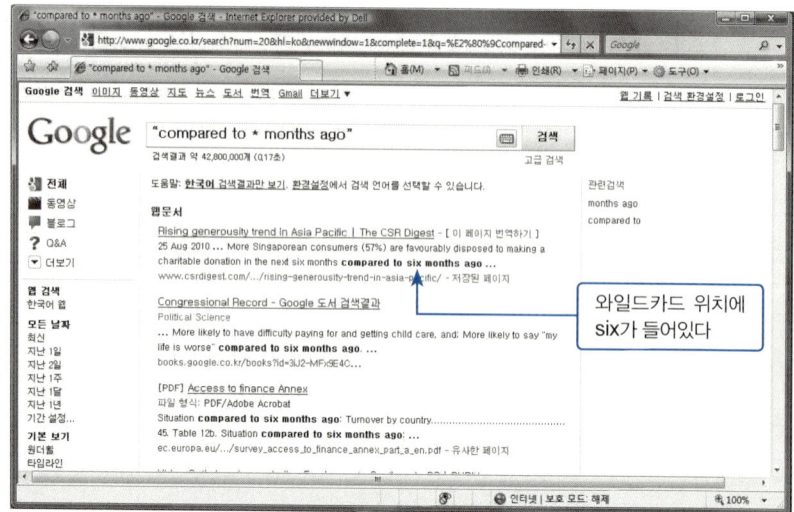

2010.09.01

　Google 검색으로 체크를 하거나 단어를 찾을 때는 입력 구절이 일반적일수록 검색 결과는 많아진다. 숫자뿐만 아니라 사람, 회사, 상품의 고유 명사는 검색 범위를 좁히므로 와일드카드로 대체하면 한층 일반적인 키워드가 된다. 괄호 넣기로 좋은 결과를 얻을 수 있도록 단어 배열을 연구해 보자.

> **🔍 Tip**
> 좋은 검색 결과를 얻는 요령
> : 키워드는 가능한 한 일반적인 단어들로 조합된 '누구나가 사용하는 표현'으로 만들 것.

Part 1에서는 구절 검색과 와일드카드 검색이라는 두 개의 훌륭한 기술을 소개하면서 영작에서의 기본적인 용도를 설명했다. Part 2에서는 이 기술을 이용해 웹을 사전이나 표현집으로 활용하는 방법을 설명할 텐데, 전치사, 형용사, 동사 등 품사별 검색 사례 설명에 많은 페이지를 할애했다. 효과적인 검색을 위해서는 품사의 역할을 이해해야 하기 때문이다. 영문에서 품사의 위치를 이해하고 있으면 와일드카드를 이용해 '괄호 넣기'를 잘 할 수 있고 Google을 통해 확실한 답을 얻을 수 있다.

PART 2

영문 체크 간단 기술

파트 2에서는 Google 검색 기술을 이용하여 인터넷을 '영어 사전·표현집'으로 활용하는 방법을 소개하고자 한다. 내가 원하는 단어나 표현을 제대로 찾아내기 위해서는 영문구조에 관한 기본적인 지식이 필요하다. 그래서 이 파트에서는 품사별로 원하는 것을 확실히 얻을 수 있는 기술을 연마하는 방법을 전수하고자 한다. 이 요령을 마스터하면 다양한 응용과 목적에 맞는 자유로운 검색이 가능해질 것이다.

Chapter
04

꼭 맞는 전치사 – 이젠 헤매지 말자

영어에서 우리말의 조사에 해당하는 것은 아마 전치사일 것이다. 하지만 우리말의 조사와 영어의 전치사가 의미적으로 완전히 일치하는 것은 아니기 때문에 적절한 전치사를 찾기란 상당히 어렵다. 또한 용법이 많기 때문에 사전을 찾는다고 해서 꼭 들어맞는 단어를 찾을 수 있는 것도 아니다.

이럴 때야말로 Google을 검색해 보자. 사전이니 문법책을 찾아보는 것보다 훨씬 짧은 시간에 최적의 단어를 얻을 수 있다.

그렇다고 막무가내로 검색만 한다고 해서 다 찾아지는 것은 아니다. 반드시 간단한 문법적 확인이 필요하다.

이번 장에서는 전치사의 역할에 대한 기본적인 내용을 복습한 다음 효율적인 검색 방법을 제시하고자 한다. 다양한 검색 결과를 눈으로 확인하는 사이 점점 전치사에 대한 감각이 살아날 것이다. 또한 검색 방법에 따라서는 생각지도 못했던 단어가 주인공인 경우도 있어 새로운 자극을 선사할 것이다.

영어 전치사가 어렵다면

"영작을 할 때 무엇이 어려운가?"라는 질문을 하면 "어떤 전치사를 써야 할지 모르는 경우가 있다."는 답이 돌아올 때가 있다. 분명 영어 전치사를 적재적소에 넣기란 무척이나 어려운 일이다. 예를 들어 '엘리베이터에 탄다'는 get in the elevator인데 '에스컬레이터에 탄다'는 get in the escalator가 아니다.

우리말로는 둘 다 '~에 타다'인데 영어에서는 왜 다른 걸까? '에스컬레이터에 타다'는 영어로 get on the escalator이다. 상자처럼 생긴 엘리베이터는 in이면 되지만 움직이는 계단 위에 서 있기만 해도 되는 에스컬레이터는 on으로 표현하는 것이다. 따라서 get in the escalator라고 하면 에스컬레이터 안, 그러니까 움직이는 계단 구조 안쪽으로 들어간다는 뜻이 되기 때문에 위험한 상황이 되고 만다.

이처럼 영어의 전치사는 2차원, 3차원적 감각을 포함하는 위치, 방향, 장소 등을 나타내는 단어로 우리말의 조사와 일대일로 대응하지는 않는다. 가끔 특수한 용법은 암기하기도 하지만 모두 외울 수는 없기 때문에 그때그때 적당히 선택한다는 사람도 있다. 하지만 그렇게 쉽게 포기하지는 말자. 어떤 전치사를 선택해야 할지 고민된다면 Google과 상의해보자. 영어 네이티브 친구 Google은 "이럴 때는 어떤 전치사가 좋겠니?"라고 가볍게 묻기만 해도 친절하게 대답해준다. 구절 검색과 와일드카드 검색이 최적의 전치사를 찾는데 위력을 발휘해 줄 것이다.

● 전치사 복습

먼저 전치사에 대하여 복습부터 하자. 전치사는 형용사나 동사 같은 다양한 단어 뒤에도 오지만 기본적으로는 명사 앞에 위치하는 단어다. '전치(前置)'란 '명사 앞에 둔다'라는 뜻이다.

She got on the escalator.
　　　　전치사 + 명사

He is good at tennis.
　　　　전치사 + 명사

He is good at playing tennis.
　　　　전치사 + 명사
　　　　(-ing가 붙은 동명사도 명사의 일종)

검색을 통해 적절한 전치사를 찾기 위해서는 문장 안에서의 위치를 이해해야 한다. 전치사가 오는 위치는 '명사 앞'이라는 사실을 기억해 두자. 와일드카드를 활용해 검색하기 위해서는 전치사의 위치를 생각해야 한다.

구절 검색으로 전치사 고르기

전치사에서는 생각나는 몇몇 후보 가운데 어떤 것을 선택하면 좋을지 망설여질 때가 있다. 예를 들어 below, under은 '~의 아래'를 의미하는 전치사인데 그 쓰임은 각각 다르다. 다음 예를 보자.

지진이 일어나면, 책상 밑으로 숨으십시오.
If an earthquake hits, hide below the desk.
If an earthquake hits, hide under the desk.

이 문장에서는 2개의 전치사 가운데 어떤 것이 더 적절할까? 간단히 확인하는 방법은 인기 랭킹이다. '책상 밑으로 숨으십시오'에 해당하는 영어 부분만 키워드로 만들어 검색한 다음 결과를 비교해 보자.

| 검색 결과 | "hide below the desk" | 64개 |
| | "hide under the desk" | 704,000개 (2010. 09.01 기준) |

숫자적으로 보면 under가 답임은 분명하다. below는 막연하게 '아래쪽'을 가리키는 데 반해 under은 뭔가의 '바로 아래'를 의미하기 때문에 책상 아래의 경우는 under the desk가 맞다. 이런 판단은 참고서의 전치사 편을 찾는 것보다 Google을 검색하는 편이 더 시간이 절약된다.

웹에는 질문을 하면 누군가가 답변을 달아주는 코너가 있는 사이트들도 있다. 어느 날 유리는 인터넷을 보다가 영어에 관한 질문 사이트에서 다음과 같은 질문을 발견했다.

> 고객에게 감사의 마음을 전하고 싶습니다.
>
> We wish to express our appreciation for our customers.
>
> We wish to express our appreciation to our customers.
>
> 이런 문장에서는 for 와 to 가운데 어떤 것을 사용하는 게 좋을까요? 답변 부탁합니다.

이런 질문은 굳이 모르는 누군가에 하지 않더라도 '웹상의 지식'에 물어보면 금방 해결된다. 구절 검색으로 검색 결과를 비교해보니 다음과 같은 결과가 나왔다.

| 검색 결과 | "express our appreciation for our customers" |

8개

"express our appreciation to our customers"

28,300개
(2010.09.01 기준)

차이는 확연했다. 랭킹 결과상 to가 맞는 전치사임을 알았다.

유리는 검색을 시작한 김에 결과 화면에서 express our appreciation to our customers가 어떻게 사용되고 있는지 2~3개의 문장을 읽어보았다. 그랬더니 전치사의 새로운 쓰임새가 눈에 들어왔다.

> **검색 결과** express our appreciation to our customers
> for their loyal support   성원해 주신데 대해
>
> express our appreciation to our customers
> for their patronage   애용해 주신데 대해
>
> express our appreciation to our customers
> for their business   거래해 주신데 대해

사이트에 질문을 올린 사람은 to와 for를 어떻게 구분해야 하는지 궁금해 했지만 검색 결과문장을 보니 사람에 대해서는 to를 쓰고, 그 이유에 대해서는 for를 쓴다는 사실을 알았다. 파란글씨 부분은 우리말로 바꾸면 뉘앙스가 약간씩 달라지지만 모두 '애용해 주신데 대해'로 번역할 수 있다.

전치사를 잘 모르겠으면 이런 식으로 구절 검색을 통해 결과를 비교함으로써 판단할 수 있다. 약간만 수고하면 안심하고 확신에 찬 영작을 할 수 있게 된다.

유리는 질문자에게 정확한 전치사뿐만 아니라 구절 검색 방법도 알려주고 싶어졌다. 인기 랭킹 이용법만 알고 있어도 혼자 힘으로 순식간에 답을 찾을 수 있기 때문이다. 이렇게 인터넷에 질문을 올리는 것보다 간편할 뿐만 아니라 실제 사용되고 있는 비즈니스 문장을 통해 '고객의 성원에 감사의 마음을 전하다'라는 영어 예문도 많이 접할 수 있게 되어 공부까지 되기 때문이다.

Chapter 04. 꼭 맞는 전치사 | 69

와일드카드 검색으로 전치사 선택하기

전치사 선택에 자신이 없을 때 구절 검색으로 인기의 정도를 알아보는 것은 유익한 방법이다. 하지만 이 방법으로는 내가 생각하고 있는 전치사끼리만 비교가 되고 예상 밖의 전치사가 사용될 가능성은 간과하기 쉽다. 이런 상황을 막기 위해서는 와일드카드 검색이 적격이다.

유리는 전에 미국에서 홈스테이했던 집의 아들이 대학을 졸업했기에 축하 메일을 보내려고 한다. 그런데 congratulation과 졸업 graduation을 어떤 전치사로 연결하면 좋을지 고민이 됐다. 그래서 Google로 괄호 넣기를 해보기로 했다.

졸업 축하해!

Congratulations (　　) graduation!

↑ 전치사는?

일단 문장 전체를 따옴표로 묶고 전치사 자리로 예상되는 위치에 와일드카드를 넣었다.

| 초안 | "congratulations (　　) graduation" |
| 키워드 | "congratulations * graduation" |

↑↑
스페이스 넣는 것을 명심하자!

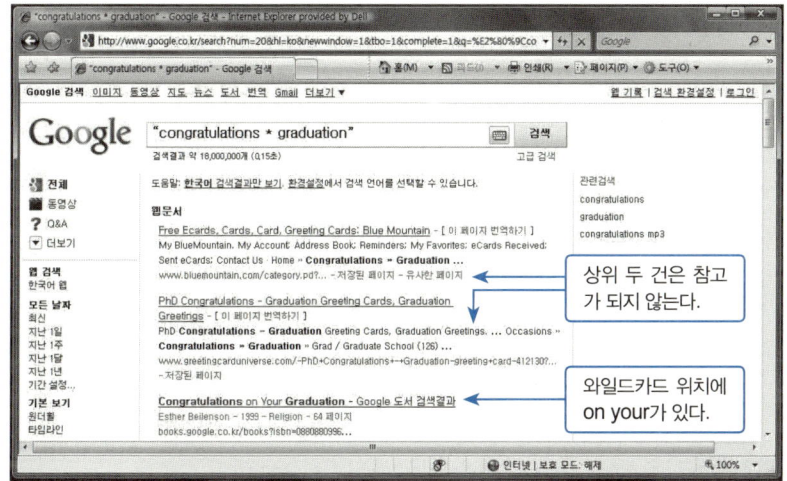

2010.09.01

　　검색 결과는 1,800만 개(2010.09.01 기준)나 되었으며, 상위 두 건은 congratulations와 graduation이 단독으로 사용되고 있어 참고가 되지 않았다. 두 개의 단어만으로 만든 키워드는 거리가 너무 짧았던 것 같다. 하지만 세 번째 제목 congratulations on Your Graduation이 눈에 들어왔다. 구글은 와일드카드 위치에 전치사 on과 your를 넣고 있었다.

　　졸업 축하해!
　　Congratulations on your graduation.
　　　　　　↑ 괄호 넣기의 답으로 Google이 찾아준 두 개의 단어

　　그냥 graduation이 아니라 your graduation이라고 하는 게 맞는 것 같다. 키워드에 your를 넣어 다시 한 번 어떤 전치사가 오는지 시험해 보기로 했다.

Chapter 04. 꼭 맞는 전치사 | 71

"congratulations * your graduation"

단어 하나를 추가하니 검색 건수는 크게 줄었고, Congratulations on your graduation이 많이 표시되었다. 역시 전치사는 on이었다.

유리는 이어서 조금 전의 키워드에 and를 추가해 보았다. Congratu-lations 다음에 뭔가 센스 있는 말을 보충하고 싶었던 것이다. 검색 건수는 더 줄었지만 이런 구절을 발견했다.

| 키워드 | "congratulations * your graduation and" |
| 검색 결과 | Congratulations on your graduation, and best of luck to you! |

(졸업 축하해. 행운을 빌어)

Congratulations on your graduation, and good luck for your career.

(졸업 축하해. 사회인으로 성공하기 바래)

유리는 best of luck to you가 마음에 들어 미완성 상태인 이메일에 첨가하기로 했다. 그리고 오늘의 수확인 전치사 on과 함께 직접 만든 '검색 노트'에도 기록해 두었다. 이 노트는 밥 선생님의 조언으로 만들었는데, 밥 선생님은 영어를 아무리 잘하는 사람이라도 전치사는 가끔 실수하므로 새로운 사용법을 알게 될 때마다 메모해 두는 게 좋다고 가르쳐주었다. 유리는 전치사뿐만 아니라 마음에 드는 구절을 발견했을 때도 함께 기록하고 있다.

> **🔍 Tip**
> Google 검색에서 키워드의 길이는 3~6단어 정도가 적당하다. 어휘가 줄면 검색 건수가 늘고 어휘가 늘면 검색 건수가 줄어든다. 검색에서 기대했던 결과를 얻지 못한 경우에는 단어를 첨가 또는 삭제하거나 다른 단어를 넣어보면 새로운 상황이 전개되기도 한다.

우리말 조사로는 판단하기 어려운 전치사 사용법

앞에서는 딱 맞는 전치사를 찾는데 편리한 구절 검색과 와일드카드 검색 방법에 대해 설명했다. 다음은 우리나라 사람이 전치사를 사용할 때의 특이한 습관과 관련하여 검색으로 좀 더 영어다운 표현을 찾는 법을 소개하고자 한다.

우리말로 조사 '~의'가 등장하면 대부분의 사람은 반사적으로 전치사 of를 떠올린다. 때문에 우리나라 사람이 쓴 영어에는 필요 이상으로 of가 많은 경향이 있다. 하지만 '~의'가 항상 of와 대응하는 것은 아니다. 구절 검색으로 확인한 다음 예를 살펴보자.

이 변화의 원동력

Driving force (　　) this change

여러분이라면 어떤 단어를 넣겠는가? '~의'에 해당하는 전치사로 무엇을 선택하겠는가? 가장 쉽게 떠오르는 문장은 아마 Driving force of this change일 것이다. 하지만 어쩌면 아주 엉뚱한 단어가 답일 수도 있으니 자신이 없을 때는 검색해 보자.

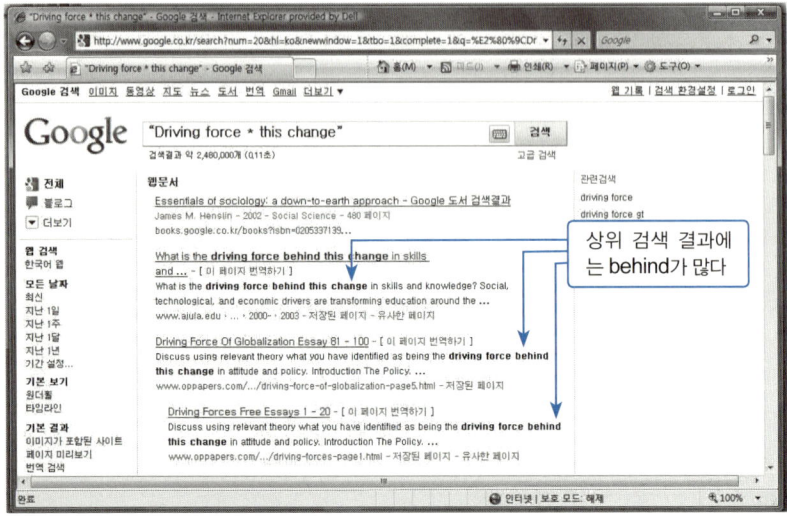

2010.09.01

| 초안 | "Driving force (어떤 전치사?) this change" |
| 키워드 | "Driving force * this change" |

이번 검색에서 상위 10건 가운데 가장 많았던 것은 behind였다. behind는 '~의 원동력'이라는 표현에서는 '~의 뒤에 있는, 이면에 있는'의 뜻으로 자연스럽게 사용된다. 우리가 조사 '~의'에서 behind를 떠올리기란 정말 쉽지 않지만, '성공의 원동력=driving force behind success'나 '경제 성장의 원동력=driving force behind economic growth'와 같은 용례는 얼마든지 있다.

이번에는 '~으로'의 경우를 살펴보자.

이 바지는 PETERS라는 브랜드 명으로 판매되고 있다.
These jeans are sold (　　) the brand name PETERS.

(　) 안에 어떤 전치사를 넣으면 좋을까? 와일드카드 검색을 해보면 금방 알 수 있다.

먼저 키워드를 생각해보자. 일단 어떤 단어들을 따옴표 안에 넣을 것인가를 생각한다. '브랜드 명으로 판매되고 있다'는 일반적인 문구다. 하지만 PETERS는 특정 브랜드 이름이므로 제외하기로 한다. 그리고 상품인 바지(these jeans) 역시 검색의 폭을 좁히므로 제외하기로 한다. 그리고 찾고자 하는 전치사가 들어갈 자리에 와일드카드(*)를 넣는다. 이런 식으로 말이다.

초안	브랜드 명으로 판매되고 있다.
	→ '~으로'에 해당하는 전치사를 와일드카드로 찾는다.
키워드	"sold * the brand name"
검색 결과	The toys are sold under the brand name XXX.
	(그 장난감은 XXX라는 브랜드 명으로 판매되고 있다)
	Air conditioning systems are sold under the brand name YYY.
	(냉난방 시스템은 YYY라는 브랜드 명으로 판매되고 있다)

결과 표시 화면에서 상위 10건의 전치사는 모두 under이었다. 이

under는 우리말의 '~라는 이름 하에'와 그 쓰임이 비슷하다. 상품이 어떤 이름 아래에 있다는 표현은 under the brand name이라는 감각과 통한다. 이처럼 와일드카드 검색을 하면 조사 '~으로'만으로는 예상하기 어려운 전치사도 찾을 수 있다. under 외에 with도 사용할 수 있다.

의외의 발견 – 검색의 묘미

전치사 사용법을 Google로 검색해보면 우리말에서는 상상도 하지 못했던 단어를 발견하게 되는 경우가 있는데 "아, 이런 전치사를 쓰는구나."하는 감탄이 영어 감각을 기르는데 한몫한다. 예를 들면 다음과 같은 문장을 영어로 옮길 때 여러분은 어떤 전치사를 사용할 것인가? 조사 '~으로'가 나오면 대부분은 by나 with를 떠올린다.

A. 현미경으로 관찰하다
B. 망원경으로 관찰하다

다른 나라 사람들은 어떤 전치사를 사용하고 있는지 와일드카드 검색으로 알아보자.

> 키워드   "observe * a microscope"
> "observe * a telescope"

상위 20건을 보니 '현미경으로'의 경우 가장 많이 사용된 전치사는

under였고 '망원경으로'의 경우는 through였다.

'현미경으로'라는 우리말에서 under는 쉽게 떠오르는 단어가 아니다. 하지만 현미경을 조작하는 모습을 상상해 보면 under를 쓰는 이유를 알 수 있다. 현미경으로 세포 등 작은 물체를 관찰할 때는 표본을 렌즈 아래에 세팅한다. 그러므로 위치나 방향의 의미를 포함하는 전치사 under를 써서 '현미경(렌즈) 아래'로 표현하는 것이다.

그들은 현미경으로 세포를 관찰했다.
They observed cells under **a microscope.**

한편, 망원경은 좁고 긴 도구다. 경통(鏡筒)이 길기 때문에 별을 관찰할 때 '망원경을 통해'라는 이미지가 강해 전치사 through를 쓰는 사람이 많은 것이다.

그들은 망원경으로 별을 관찰했다.
They observed stars through **a telescope.**

위의 두 경우 모두 with도 쓸 수 있지만 under나 through를 쓰면 좀 더 구체적인 이미지가 떠오른다. 이런 살아있는 영어를 사전이나 참고서로 습득하기는 쉽지 않은데 이는 영문 웹페이지를 잠깐만 읽어봐도 금방 알 수 있다.

EXERCISES

1. 다음 중 맞는 문장은? 구절 검색으로 찾아보자.

   '잔디밭에 들어가지 마시오'

   A. Keep off the lawn.

   B. Keep out of the lawn.

   '방에 들어오지 마시오'

   A. Keep off the room.

   B. Keep out of the room.

2. (   ) 에는 어떤 전치사가 필요한가? 와일드카드 검색으로 찾아보자.

   send information (   ) the internet

3. (   ) 에 필요한 전치사는? 적절한 키워드를 만들어 와일드카드로 검색해 보자.

   '그는 대학에서 역사를 전공했다'

   He majored (   ) history in college.

> 해설

1 '잔디밭에 들어가지 마시오'

    A. "Keep off the lawn"   34,800개

    B. "Keep out of the lawn"   7개

'방에 들어오지 마시오'

    A. "Keep off the room"   6개

    B. "Keep out of the room"   27,400,000개

2 많은 전치사가 검색되었다.

    [키워드] "send information * the internet"

    [검색 결과] send information over the internet

                send information across the internet

                send information via the internet

                send information through the internet

그리고 전치사는 아니지만 using도 사용할 수 있다.

                send information using the internet

3 이 경우 문장 전체를 키워드화 해도 상관없다. he를 키워드에 넣으면 여성이 주어인 문장은 배제되고 주어를 넣지 않으면 검색 수가 많아진다.

    [키워드 예] "majored * history in college"

    [검색 결과] majored in art history in college   미술사

                majored in European history in college   서양사

                majored in medieval history in college   중세사

'~을 전공하다'의 전치사는 in이다. 검색 결과를 보면 '무슨 역사'인지 history를 수식하는 단어도 함께 표시되어 있다.

 coffee break 1

검색에 관한 질문

↳ 검색이 잘 안 돼요.

▶ 질문: 검색이 잘 안 돼요.

live 다음에 오는 전치사를 잘 몰라서 "live * Korea"를 입력했는데 기대했던 형태의 결과가 나오지 않았다. 입력 형태가 잘못된 것일까?

▶ 답변

그런 것 같다. 질문상의 지문 "live * Korea"는 검색 범위가 너무 넓다. live와 Korea는 지극히 평범한 단어라 정말 다양한 상황에서 사용되기 때문이다. 이 구절로 검색을 해보면 7억 개 이상의 결과가 나오는데 이는 키워드의 수가 적고 지나치게 막연하다는 걸 의미한다.

이 구절의 경우는 단어를 첨가해 대상을 좁혀주면 된다. 하지만 가령 '수잔은 한국에 살고 있다'는 문장을 쓰려 할 때, "Susan lives * Korea"는 고유명사를 포함한 특수 문장이 되어버리므로 검색을 한다 해도 의미가 없다. 하지만 Susan 대신에 일반적인 she (혹은 he)를 넣는다면 어떨까?

키워드   "she lives * Korea"

이처럼 단어 하나만 추가해도 검색 범위가 훨씬 좁아져 찾고자 하는 전치사를 발견할 가능성이 높아진다. 실제로 검색해보면 결과는 109만 개 정도로 줄며 다음과 같은 예가 나온다. (2010.09.01 기준)

She lives in Seoul. (그녀는 서울에 살고 있다)
She lives in South Korea. (그녀는 남한에 살고 있다)
She lives outside Korea. (그녀는 한국 밖에서 살고 있다=외국에서 살고 있다)
She lives on Jeju Island. (그녀는 제주도에 살고 있다)

이번 검색으로 어떤 전치사가 live와 함께 사용되는지를 알게 되었다. Seoul이나 Korea라면 in이고, 섬의 경우는 on임을 알았다. Seoul이나 Korea처럼 면적이 넓은 장소에는 in이 어울린다. 한편, 범위가 좁은 섬은 '그 위에' 산다는 느낌으로 on을 사용한다. outside는 '~밖'임을 말하고 싶을 때 사용한다.

검색 결과가 너무 많을 때는 키워드를 추가해 범위를 좁혀보자. 반대로 키워드가 너무 많거나 특수한 문장인 경우에는 검색이 되지 않을 때도 있다. **일반적으로 키워드의 단어 개수는 3~6개 정도가 적당하다.** 검색이 잘 안 될 때는 단어를 넣거나 빼가면서 키워드를 연구해 보자. 그리고 이 정도면 믿을만한 건수인지, 맞는 영어인지 아닌지 믿음이 가지 않는 경우도 있는데 가능한 한 키워드를 2개 이상 만들어 결과를 서로 비교해보는 게 좋다. 처음에는 원하는 결과가 나오지 않더라도 시행착오를 거듭하는 사이 검색 기술이 향상될 것이다.

Chapter
05

적절한 동사 찾기
– 잘 연상되지 않는 영어 동사

문맥에 꼭 들어맞는 영어 동사를 찾아내는 것은 생각보다 어렵다. 이는 우리말과 영어라는 두 언어의 차이에서 비롯되는 경우가 많다.

우리말 동사에는 '~하다'처럼 어떤 단어와 결합하여 동작을 나타낼 수 있는 말이 있다. 반면, 영어에는 '~하다'와 같은 쓰임을 가진 말이 존재하지 않는다. 따라서 '~하다'와 같은 우리말을 영어로 옮길 때는 좀 더 머리를 써서 구체적인 동작을 나타내는 단어를 떠올려보면 꼭 맞는 말을 찾아낼 수 있다.

Chapter 5에서는 적절한 동사를 찾아내는 방법을 설명하고 와일드카드 입력 방법에 대한 중요한 힌트도 함께 제시하고자 한다. 설명을 읽다 보면 우리말과 영어가 가리키는 범위가 항상 일치하는 것은 아니라는 사실을 확실히 깨닫게 될 것이다. 그리고 이 사실을 깨닫는다면 당신의 영작 실력은 더욱 향상될 것이다!

취급하다 = carry?

우리말과 영어를 일대일로 대응시키면 엉터리 영어가 되는 일이 종종 있다. 구체적인 사물을 가리키는 명사의 경우 '의자=chair', '사과=apple'처럼 대부분 일대일 대응이 가능하다. 그러나 동작을 영어로 표현할 때는 일대일 대응이 불가능한 예가 허다하다.

예를 들어 '화장하다'는 영어로 wear makeup 혹은 put on makeup이다. 동사 wear과 put on을 보고 가장 먼저 떠오르는 우리말 표현은 '입다'가 아닐까? 우리말에서 화장은 입는 것이 아니다. 하지만 영어에서 화장과 옷은 동등하게 취급하여 모두 wear하는 것으로 인식된다. 화장을 지울 때도 마찬가지로 '벗다'라는 뜻의 take off를 사용한다.

그녀는 화장을 지우고 옷을 벗었다.
She took off her makeup and clothes.

이처럼 '(화장을) 지우다'와 '(옷을) 벗다'를 같은 동사로 표현하는 것이다.

이 예는 사전에서 적절한 표현을 찾을 수 있다. 그러나 우리말의 동작에 대한 표현을 영어로 옮기고자 할 때 사전만 가지고는 적당한 동사를 찾지 못할 때가 있다.

'갖추다'라는 동사에 대해 생각해 보자. 한영사전에서 '갖추다'를 찾으면 get ready, prepare, assort가 나온다. 그럼 이 단어들을 상점의 홍보 문구로 쓸 수 있을까? get ready나 prepare는 가게에 상품을 구비해 놓고 판매 중이라는 의미하고는 조금 거리가 있는 것 같다.

본 가게는 이탈리아산 수입식품 일체를 갖춰놓고 있습니다.
This store (   ) foods imported from Italy.

↑ 여기 들어갈 동사는?

여기서 (   )에는 다음과 같은 동사를 넣을 수 있다.

This store carries foods imported from Italy.   취급하다
This store has foods imported from Italy.   취급하다, 있다
This store sells foods imported from Italy.   판매하다
This store offers foods imported from Italy.   공급하다

약간의 뉘앙스 차이는 있지만 기본적으로는 모두 '갖추고 있다'로 해석할 수 있는 동사들이다. have, sell, offer은 '판매하다'에 해당하는 일반적인 표현들이다. 그럼 carry는 어떠한가? '상점이 식품을 운반한다?' 이상한 해석이다. 사실 'carry=운반하다'라는 단순한 공식은 존재하지 않는다. 그렇지만 '상점이 (물품을)가게에 놓다, 팔고 있다, 팔다'는 뜻은 있다.

다음은 잡화 도매상에 양초를 사러 가보자.

"양초도 취급하나요?"

점원에게 영어로 질문을 할 때 '취급하다'라는 말에 구애를 받으면 말문이 막히게 된다. 이미 당신도 눈치챘겠지만 이 때 carry를 쓰면 된다. 물론 sell이나 have를 쓸 수도 있다.

Do you carry candles?
Do you sell candles?
Do you have candles?

영어는 동작을 나타내는 어휘가 풍부하며, 동사의 역할이 대단히 중요하다. 그래서 인상적이고 깔끔한 문장을 만들기 위해서는 어떤 동사를 선택하느냐가 중요하다. 그러나 동사는 일대일 대응이 성립하지 않는 경우가 많아서 한영사전만으로는 적절한 동사를 찾지 못할 때가 있는데, 그럴 때 Google 검색을 시도해보자. carry와 같이 생각지도 못한 동사를 발견하게 될지도 모른다.

동사 위치 파악하기

Google 검색, 특히 와일드카드를 이용한 검색에서는 내가 찾고자 하는 단어가 문장의 어디쯤 위치하는지 알아둘 필요가 있다. 동사를 찾을 때 아래 사항을 알아두면 키워드를 쉽게 예상할 수 있다.

● **동사 복습하기**

① **기본적인 어순은 주어 다음에 온다.**

She has two daughters.
주어 + 동사
(그녀에게는 딸이 둘 있다)

They live in Seoul.

주어 + 동사
(그들은 서울에 산다)

② will, must, can 등 조동사 뒤에는 동사가 오는 경우가 많다.

My son will go to college next year.

조동사 + 동사
(우리 아들은 내년에 대학교에 간다)

③ to 부정사(to+동사)의 형식을 이용하라.

He studied hard to pass the entrance exam.

to + 동사 (to부정사 형식)
(그는 입학시험에 합격하기 위해 열심히 공부했다)

위와 같은 기초지식이 있으면 빈칸의 정답을 찾는데 필요한 키워드를 쉽게 만들 수 있다. 그 예로 앞서 소개한 '화장하다'에 쓰이는 동사를 확인하는 방법은 다음과 같다.

■ 화장하다

그녀는 두꺼운 화장을 하고 있다.

| 초안 | She ( ) a lot of makeup.

↑ '~하다' 해당하는 동사는?

| 키워드 | "She * a lot of makeup"
| 동사 발견 | wear

86

She wears a lot of makeup.

She wore a lot of makeup.

- 약을 먹다

    매일 약을 먹어야 한다.

    | 초안 | I must (   ) medicine every day.

    ↑ '먹다'에 해당하는 동사는?

    | 키워드 | "must * medicine every day"

    | 동사 발견 | take

    I must take medicine every day.

- 고객에게 서비스를 전하기 위한 새로운 시스템을 설치했습니다.

    | 초안 | We have installed a new system to

    (   ) service to customers.

    ↑ '전하다'에 해당하는 동사? 혹시 send?

    | 키워드 | "to * service to customers"

    | 동사 발견 | provide, deliver, offer 등

    to provide service to customers

    to deliver service to customers

    to offer service to customers

검색으로 영어 동사 찾기

수정은 요즘 영작을 할 때 사전 외에 인터넷까지 꼭 참고할 정도로 검색의 매력에 푹 빠져 있다. 직장에는 영어에 도움을 줄 만한 사람이 없으므로 웹상의 정보자원을 활용하는 게 최선이기도 하다. 어느 날 수정은 해외 고객에게 보내는 영문 메일을 작성해달라는 부탁을 받았다. 큰 용량의 인쇄 샘플용 사진을 DVD로 보내달라는 내용의 의뢰 메일이다. 그런데 그 문장에는 다음과 같은 문구가 있었다.

사진을 송부할 때는 **DVD**로 해서 보내주시기 바랍니다.

인사말은 영어 메일 작성법에 관한 책을 참고로 쉽게 끝냈는데 정작 중요한 의뢰 내용인 'DVD로 한다'라는 문장에서 막히고 말았다. '커피로 할래?', '밥으로 할래?' 등 우리말은 명사에 '~하다'를 붙여 간단히 동사로 바꿀 수 있다. 그런데 영어에는 그런 편리한 기능을 갖는 단어가 없다. 결국 'DVD로 한다'를 'DVD로 바꾼다'로 해석해서 change를 넣어봤다. 수정은 과연 이 단어를 쓸 수 있는 건지 확인하기 위해 구절 검색을 해보았다(Google은 키워드의 대소문자 구분이 없으므로 dvd로 입력해도 무관하다).

초안	Please change photos to DVD and send it to us.
키워드	"change photos to dvd"
검색 결과	"change photos to dvd"와(과) 일치하는 검색 결과가 없습니다.

결과는 실패였다.

change를 쓸 수 없다는 사실에 실망스러웠다. 하지만 이번에는 와일드카드 검색을 이용해 보기로 했다. 그러려면 먼저 키워드를 입력해야 한다.

"change photos to dvd"를 쓸 수 없다면 change 자리에 와일드카드를 넣어 " * photos to dvd"를 검색해보면 어떨까?

그런데 이 경우 와일드카드(*)를 photos 앞에 넣으면 약간의 문제가 생긴다. 왜냐하면 명사 앞에는 형용사나 전치사 등 다양한 품사가 올 수 있기 때문에 동사 이외의 것까지 모두 검색 대상이 되는 것이다. 그래서 " * photos"로 검색하면 digital photos나 beautiful photos, your photos까지 검색되고 만다.

결국 수정은 좀 더 머리를 써서 와일드카드 앞에 to를 넣었다. to 부정사 형식으로 와일드카드를 지정해두면 동사가 검색될 것으로 생각한 것이다.

to 뒤에 와일드카드를 넣어 검색한 결과 화면에는 다음과 같은 문장이 나왔다.

초안	to + 동사 (to 부정사 형식)	
키워드	"to * photos to dvd"	
검색 결과	to copy photos to DVD	복사하다
	to transfer photos to DVD	옮기다
	to backup photos to DVD	백업하다
	to save photos to DVD	저장하다
	to burn photos to DVD	굽다

수정은 검색 결과를 보고 무릎을 쳤다. 적절한 동사가 떠오르지 않았던 이유는 'DVD로 하다'라는 표현에만 얽매어 있었기 때문이었다. 다른 표현으로 다양하게 바꿔 봤더라면 copy 정도는 스스로도 생각해낼 수 있었을 텐데. 검색 결과 중에 의외였던 것은 'burn photos'가 많다는 사실이었다. 정말로 사진을 태워버리기라도 할 듯한 표현이지만 웹에서는 많은 사람들이 CD-ROM이나 DVD에 데이터를 복사한다(굽는다)는 의미로 동사 burn을 사용하고 있음을 알 수 있었다. 수정은 그 가운데 가장 익숙한 copy라는 단어를 사용하기로 했다.

| 과제문 | 사진을 송부할 때는 DVD로 해서 보내주시기 바랍니다.
| 완성문 | Please copy photos to DVD and send it to us.

그런데 다음 문장에도 복병이 있었다. 수정은 일단 혼자 힘으로 영작이 가능한 부분만 먼저 해보았다.

당사에서는 디지털 인쇄 서비스를 제공해 드립니다.

We (　　　) digital printing service.

↑ 제공해 드리다?

'제공해 드리다=give'인 것 같기도 했지만 어쩐지 2% 부족한 것 같았다. 사전을 찾는 것보다 그냥 Google을 검색하는 편이 빠를 것 같아 공백 부분에 와일드카드를 넣어 검색해 보았더니 다음과 같은 화면이 표시되었다.

키워드 "we * digital printing service"

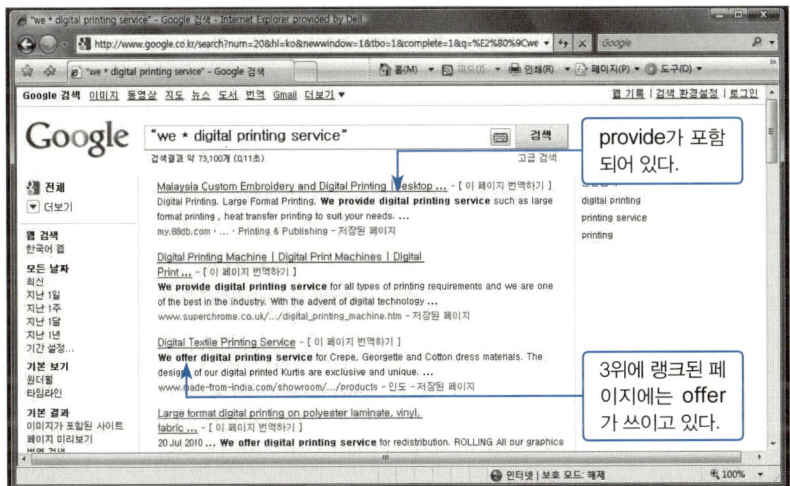

2010.09.01

    Google은 공백 부분을 provide나 offer로 채운 문장을 표시하고 있다. 수정은 아래쪽에 랭크된 페이지로 시선이 갔다. 'We offer customized digital printing service'라고 되어 있었다. customized는 '특별한 주문에 맞추다'는 뜻으로 바로 수정이네 회사가 제공하는 인쇄 서비스가 여기에 해당했다. 본인은 생각지도 못했던 이 단어를 활용해 보기로 했다. 수정은 멋진 번역을 하게 된 것 같아 만족스러웠다.

    이번 예에서는 'DVD에 복사하다, 저장하다'와 같은 단어로 바꿔봤더라면 훨씬 쉽게 적절한 동사를 떠올릴 수 있었을 것이다. 영작을 할 때는 이처럼 생각을 정리하는 도구인 우리말을 유연하게 사용해야 한다.

> **수정의 메일 작성 과정**
>
> 사진을 송부할 때는 **DVD**로 해서 보내주시기 바랍니다.
>
> 당사에서는 주문형 디지털 인쇄 서비스를 제공해 드립니다.
>
> | 초안 | Please change photos to DVD and send it to us.
> We (?) customized digital printing service.
>
> | 완성문 | Please copy photos to DVD and send it to us.
> We offer customized digital printing service.
>
> '주문형=customized'는 원문에는 없던 구절이다. 이렇듯 일을 할 때는 상황에 따라 임기응변의 재치를 발휘할 줄도 알아야 한다.

일대일 대응이 불가능한 우리말과 영어

항상 우리말로 생각하는 우리는 자기도 모르게 우리말을 영어로 직역하는 경향이 있다.

상우는 근무 부서가 주최하는 해외부품 업체와의 회의에서 사회를 보게 되었는데, 자신 없는 영어로 말해야 한다는 사실이 정말 부담스러웠다. 회의는 거래처 사람을 소개하는 것으로 시작됐다.

오늘 회의에 들어가기 전에 존슨 씨를 소개하겠습니다.

Before we enter today's agenda, I'd like to introduce Mr. Johnson.

상우는 미리 우리말로 소개문을 생각해뒀다가 '들어가다'를 enter라고 했으나 나중에 곰곰이 생각해 보니 그게 아닌 것 같기도 했다.

'들어가다=enter'가 괜찮은 걸까? 구절 검색으로 확인해 봤지만 검색된 결과가 없었으므로 상우는 자신의 실수를 깨달았다. 하지만 이미 지난 일을 돌이킬 수는 없으므로 다음 기회를 생각해서 enter 자리에 와일드 카드(*)를 넣어 다시 시도했다. 그러자 다음과 같은 결과가 표시되었다. 아는 단어도 있었고 처음 보는 단어도 있었는데 이렇게나 다양한 표현이 있다는 사실이 상우는 새삼 놀라웠다.

키워드	"before we enter today's agenda"
검색 결과	⚠ "before we enter today's agenda"에 대한 검색 결과가 없습니다.
키워드	"before we * today's agenda"
검색 결과	[아는 동사]

before we begin today's agenda 시작하다

before we get started with today's agenda
　　　　　　　　　　　　　　　시작하다

before we move into today's agenda
　　　　～로 이행하다, ～하기 시작하다

before we get into today's agenda
　　　　　　　　　　　～를 시작하다

before we take up today's agenda

받아들이다, 시작하다

before we go through today's agenda

상세히 논하다

[모르는 동사]

before we tackle today's agenda

~에 달려들다

before we proceed with today's agenda

계속 진행하다

before we proceed to today's agenda

~로 이행하다, ~하기 시작하다

'회의에 들어가다'는 간단히 begin이라고 하면 될 걸 그랬다. get started with는 지금까지 get과 start가 함께 쓰이는 예를 본 적이 없어 어색했다. move into는 '다음으로 넘어가다'라는 의미인 것 같았고, tackle과 proceed는 모르는 단어였는데 사전을 찾아보니 proceed는 '이어서 ~하다, ~하기 시작하다'라는 뜻이었다. 상우는 잔업이 많아 평일에는 영어학원에 다닐 시간이 없어서 이런 식으로 업무 중에 Google을 검색하여 어휘를 늘리고 있다.

이처럼 와일드카드 검색을 제대로 활용하면 다양한 동사를 발견할 수 있다. 어느 것이 더 적절한지 판단이 서지 않으면 여러분이 아는 단어를 선택하면 된다. 단, 지금까지 본 적이 없던 단어는 새로운 영어 학습의 기회를 제공해 줄 것이다. 검색이라는 약간의 수고만 한다면 새로운 지식과 단어를 습득할 수 있는 것이다. 상우를 예로 들어보면 begin이나 get, go는 옛날부터 사용하던 것들로, 일반인들의 일상생활에 깊이 뿌리 내린 단어들이다. 반면 tackle과 proceed는 익숙하지 않은 단어들이었다. 영어는 그 역사 속에서 수많은 외국어를 받아들이며 어휘를 늘려왔다. tackle은 네덜란드어, proceed는 라틴어에서 유래된 말인데, 일반적으로 그리스어, 라틴어, 프랑스어 등을 어원으로 하는 영어 단어는 대부분 귀족이나 성직자, 학자 계층이 사용하던 말이기 때문에 본래의 영어에 비해 격식에 치우쳐 있거나 의례적이고 전문적인 뉘앙스를 지니고 있다. 때문에 begin이나 get을 사용하는 문장에 비해 proceed to(with) today's agenda에서는 다소 격식을 차리려는 느낌이 든다.

검색 결과로 알 수 있듯이 영어는 같은 의미라도 조금씩 분위기가 다른 유의어가 많다. 이는 명확한 단어를 선택함으로써 미묘한 뉘앙스의 차이를 살릴 수 있다는 의미, 바꿔 말하면 표현 방법의 가능성이 풍부하다는 뜻이기도 하다. 어휘를 늘리는 것은 표현력 향상을 위한 지름길이다.

검색으로 떠나는 단어 사냥

와일드카드를 이용한 동사 검색은 단순히 '생각나지 않을 때' 쓰는 괄호 넣기용이 아니라 현재 나의 관심 테마를 묘사해 주는 단어를 찾기 위한 좀 더 적극적인 목적으로도 이용할 수 있다.

예를 들어 지구온난화에 대한 리포트를 쓰고 있다고 해보자. 사람들은 이 문제에 대해 뭔가 대처해야 한다는 표현을 하려고 한다. Google의 와일드카드 검색을 이용하면 '지구온난화 문제에 대한 대처'라는 주제로 쓰인 글 중에서 global warming과 함께 쓰이는 동사를 발견할 수 있다. 지구온난화라는 문맥으로 사람들의 행위를 묘사하는 동사를 찾는 것은 자신의 사고를 자극하는 일이기도 하다. 우리는 말로 생각을 정리하기 때문에 자신의 테마에 맞는 단어를 찾는 일은 사고력을 향상시키는 데도 도움이 된다.

[막연한 사고]
우리는 지구온난화를 어떻게 해야만 한다.

와일드카드 검색을 통해 보다 구체적인 동사를 찾아보자. 웹에 올라와 있는 수많은 지구온난화 정보 가운데 다음과 같은 문장이 검색되었다.

키워드	"we have to * global warming"

↑ '어떻게 하다'에 해당하는 동사?

검색 결과		
	we have to slow global warming	늦추다
	we have to worry about global warming	우려하다
	we have to fight global warming	싸우다
	we have to combat global warming	싸우다
	we have to stop global warming	멈추다
	we have to halt global warming	멈추다
	we have to reduce global warming	줄이다
	we have to restrict global warming	억제하다

검색 결과를 자세히 보면 내가 말하고자 하는 내용에 딱 들어맞는 단

어를 발견할 수 있다. 예를 들어 '지구온난화가 문제이기는 하지만 극단적인 정책으로 산업에 피해를 줘서는 안 된다.'고 생각한다면 slow나 worry about이 적절할 것이고, 반대로 '당장 효과적인 조치를 취하지 않으면 인류가 멸망할 것이다.'라는 생각을 갖고 있다면 더욱 강한 표현인 fight나 combat을 선택할 것이다. 이처럼 와일드카드 검색은 본인의 생각을 명쾌하게 나타내는 단어를 발견하기 위한, 적극적인 단어 사냥의 수단으로도 활용할 수 있다.

> **Tip**
>
> 영어사전을 어렵게 생각하는 사람이 있을지도 모르겠다. 하지만 명쾌하면서도 자세한 설명이 곁들여진 사전은 단어의 미묘한 뉘앙스 차이를 이해하는데 큰 도움이 된다. 무료로 이용할 수 있는 온라인 사전도 있으므로 Google을 검색하면서 모르는 단어나 유의어를 찾아보도록 하자. 아래에 소개하는 두 개의 영영사전 사이트는 영어 학습자들이 손쉽게 접근할 수 있도록 구성되어 있다.
>
> ▶ Longman Dictionary of Contemporary English
>   http://www.ldoceonline.com
>   : 단어가 비교적 쉽게 정의되어 있고, collocation이 기재되어 있는 단어도 있다.
>
> ▶ Cambridge Advanced Learner's Dictionary
>   http://dictionary.cambridge.org
>   : 영어 학습자를 위해 만든 사전이기 때문에 단어가 쉽고 자세하게 정의되어 있다.

EXERCISES

1. 'PDF로 하다'에는 어떤 동사를 사용하면 될까? 와일드카드 검색으로 찾아보자.

   '데이터를 PDF로 하다'

   to (   ) data to PDF

       ↑ 동사?

   | 키워드 | "to * data to pdf"

2. 다음 문장에서 was 외에 사용할 수 있는 동사는? 와일드카드 검색으로 찾아보자. 키워드는 무엇이 좋을까? 5.0퍼센트의 숫자 부분 5.0은 상황에 따라 다른 정보이므로 키워드에는 포함시키지 않도록 한다.

   '지난 달 실업률은 5.0퍼센트였다'

   The unemployment rate was 5.0 percent last month.

> 해설

1 다음과 같은 동사가 검색되었다. 이 동사들을 우리말로 번역하면서 'PDF로 하다'가 나타내는 동작을 더 구체적인 우리말로 바꿀 수 있다는 사실을 깨달았다.

to convert data to PDF   변환하다
to export data to PDF   내보내다
to output data to PDF   출력하다
to transform data to PDF   바꾸다
to write data to PDF   쓰다

2 키워드
"the unemployment rate * percent last month"
"unemployment rate * percent last month"
"the unemployment rate * percent"

다음과 같은 동사가 검색되었다.

The unemployment rate hit XX percent last month.   도달하다
The unemployment rate reached XX percent last month. 도달하다
The unemployment rate climbed XX percent last month. 상승하다
The unemployment rate fell to XX percent last month. 하락하다
The unemployment rate topped XX percent last month.   초과하다

was는 감소했는지 증가했는지 알 수 없다는 점에서 정보량이 적은 동사다. 하지만 만약 실업률이 지난 달부터 증가 추세에 있다면 '위로 올라간다'는 이미지를 떠올리게 하는 climb을 사용하자. 문장의 묘사력이 더욱 좋아진다. 물론 감소했을 때는 was보다 정보량이 더 많은 fall을 선택하는 편이 더 적절하다.

coffee break 2

이미지로 영어 단어를 '보자'

웹은 문자뿐만 아니라 사진, 지도, 일러스트, 음악이나 비디오에 이르기까지 다채로운 정보로 넘쳐난다. Google에는 웹상의 이미지를 찾아주는 기능이 있어 홈페이지 왼쪽 상단에 있는 '이미지'를 클릭하면 '이미지 검색' 화면이 표시된다. 이미 많은 분이 이 이미지 검색을 이용하고 있겠지만 사전 대용으로 활용하는 방법이 있다는 사실은 그다지 알려져 있지 않은 것 같다. 100단어의 설명을 읽는 것보다 하나의 이미지를 눈으로 보는 편이 더 쉽게 이해될 때도 있다.

선에 Google 이미지 검색으로 영어 단어 확인하는 방법을 친구에게 알려준 적이 있는데 무척이나 반가워했다. 그 친구는 해외에서 판매되는 게임 소프트웨어의 화면에 표시된 영어를 우리말로 옮기는 일을 하고 있었다. 언젠가 롤플레잉 게임 대사를 번역하고 있는데 주인공이 모험에 나설 때 사용하는 여러 가지 도구가 소개되어 있었다고 한다. 그 중에 성스러운 검이나 마법의 화살 외에 'bull's eye'라는 단어가 있었는데, bull이 '수소'이고 eye가 '눈'임은 쉽게 알 수 있지만 '소의 눈'은 대체 뭘까? 고민 끝에 어쩌면 뭔가 도움이 될지도 모른다는 작은 기대를 하며 그 친구는 이미지를 검색해 봤다.

그런데 다음과 같은 사진들이 등장하는 게 아닌가.

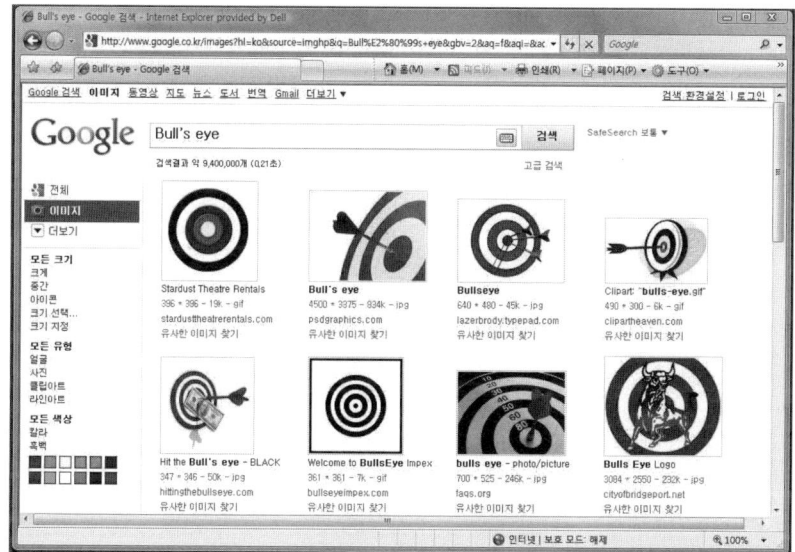

2010.09.01

정말 의외의 사진들이었지만 일목요연하다는 건 바로 이런 경우를 두고 하는 말이었다. 'bull's eye'는 '과녁 정중앙의 점'을 가리키는 말인데, '과녁 정중앙'에서 파생되어 다양한 의미로도 사용되고 있다. 예를 들면 'hit the bull's eye'는 '적중했다'는 뜻인데 우리말에도 '정곡(正鵠)을 찌르다'라는 비슷한 표현이 있다.

You've hit the bull's eye.

이 말은 예상이 딱 들어맞았을 경우 '적중했네!'하는 느낌이다. 대화 중에 상대의 말에 "바로 그거야!", "그렇지!"라고 맞장구치고 싶으면 "Bull's eye!"라고 하면 된다.

이처럼 모르는 단어의 뜻을 찾는데 이미지 검색이 도움이 될 수 있다. 영어 단어뿐만 아니라 다른 외국어의 경우도 활용할 수 있으며 이렇게 눈으로 확인한 단어는 오랫동안 선명하게 기억에 남는다.

Chapter 06

정확한 형용사와 부사 찾기
– 꼭 들어맞는 단어 발견하기

　자신의 이미지에 맞는 형용사나 부사를 찾는 일 또한 상당히 시간이 걸린다. 이렇게 시간이 걸리는 이유는 앞 장에서도 말했듯이 한국어와 영어 단어는 서로 의미의 수비범위가 다르기 때문이다. 또한 형용사와 명사의 조합이나 부사와 형용사의 조합 등 단어끼리의 궁합 문제도 크게 관여한다.
　그렇다면 어떻게 꼭 들어맞는 단어나 표현을 찾아낼 수 있을까? 이번 장에서는 우선 문장에서 형용사나 부사가 들어가는 위치를 확인하고 이를 기준으로 요령 있게 검색하는 방법을 소개하고자 한다.
　Google에는 사전에는 없는 단어 조합이 많기 때문에 여러분의 어휘력을 풍부하게 하는데 큰 도움이 될 것이다. 특히, '무척'이나 '몹시'를 영어로 바꾸어 놓으면 늘 'very'가 되는 사람은 필독하기 바란다.

오바마 대통령이 글래머라고?

상우는 어느 날, 미국 뉴스 사이트를 보다가 다음 두 문장을 발견하고는 깜짝 놀랐다.

Former First Lady Barbara Bush is a handsome woman.
전 대통령의 영부인 바바라 부시는 (핸섬한) 여성이다.

Barack Obama is glamorous.
버락 오바마는 (글래머러스)하다.

머릿속에 'handsome=남자', 'glamorous=여자'라는 조합밖에 없는 상우는 이 기사를 읽고 '바바라 부시는 남성적인 미를 가졌고, 오바마는 글래머?'라는 말인가 싶어 당혹스러웠다.

사실 영어 단어 handsome은 여성, 특히 연령대가 높은 여성에게도 사용하는데, 멋있는 행동이나 건강미를 표현할 때 또는 씩씩한 모습 등을 묘사할 때 사용한다. 또한 glamorous는 남녀를 불문하고 매력적인 상태를 나타낸다. 뉴스 문장은 바바라 부시를 '씩씩한 여성'으로, 버락 오바마를 '매력적인 남성'으로 묘사하고 있는 것이다.

상우는 좁은 의미의 '핸섬'이라는 외래어와 영어 형용사 handsome이 같은 단어라고 생각했기 때문에 당황한 것이다. 이는 외래어에만 국한된 것이 아니라 한국어와 영어는 형용사와 명사의 조합이 다른 경우가 많다. 예를 들어 우리말에서는 '진한 커피', '연한 커피'처럼 커피의 맛을 '진하다', '연하다'로 표현한다. 하지만 영어에서는 '강하다', '약하다'라는 형용사를 사용해 strong coffee, weak coffee라고 한다. 우리말을 직역한 thick coffee, thin coffee는 진한 맛이나 쓴맛 같은 '맛의 농도'를 의미하지는 않는다. thick coffee라 하면 커피를 장시간 끓여 바짝 졸아든 상태가 연상된다.

진한 커피 　(X) thick coffee
　　　　　　(O) strong coffee　　(X)강한 커피

연한 커피　 (X) thin coffee
　　　　　　(O) weak coffee　　 (X)약한 커피

만약 외국인이 "약한 커피 주세요."라고 한다면 여러분은 아마 부자연스럽게 느낄 것이다. 반대로 우리가 일반적으로 쓰는 말을 직역하여 "I want to have thick coffee."라고 한다면 듣는 이는 '어째서 일부러 맛없는 커피를 마시려는 걸까?'라며 이상하게 생각할지도 모른다.

반면 수프의 농도를 말할 때는 '진한 수프', '묽은 수프'를 각각 thick soup와 thin soup라고 한다. 이로써 알 수 있는 것은 thick과 thin이 묘사하는 것은 액체가 걸쭉한가 묽은가, 그 점도의 차이지 미각이 아니라는 사실이다. 한편, 우리말의 '진하다', '연하다'는 점도는 물론 음료의 진한 정도, 엑기스의 농도까지 표현할 수 있다. 이처럼 한국어와 영어 단어가 가리키는 수비범위는 조금씩 다르다.

혹시 여러분은 collocation이라는 단어를 들어본 적이 있는가? collocation은 영어에서 단어와 단어의 배열·궁합을 의미한다. 동사+전치사, 동사+명사 등 모든 품사가 제대로 조합됐는지 아닌지를 나타내는 것이 collocation이다. 한영에서 어떤 단어의 의미가 일대일 대응하는 것처럼 보여도 의미의 수비범위가 완전히 일치하지는 않는 경우가 종종 있다. 따라서 의미의 차이를 인식하지 못한 채로 영어를 사용하면 collocation이 부자연스러워져 네이티브 스피커에게 위화감을 주거나 의미가 전달되지 않는 일이 발생한다. 말의 조합이 제대로 이루어져 있는지 즉, collocation이 자연스러운지를 체크하는 것은 영어다운 영어를 쓰는데 있어 상당히 중요한 조건이다.

이 장에서 말하는 '꼭 들어맞는 단어'란 자기가 하고 싶은 말을 표현할 수 있는 것임과 동시에 전후 단어와 collocation(궁합)이 잘 맞는 단어를 말한다. 꼭 들어맞는 형용사나 부사를 찾아내는 일은 Google의 가장 큰 특기다.

단어의 궁합 체크하기

상우는 기사 내용을 잘못 이해한 게 부끄러워 사전에서 handsome의 정확한 의미를 찾아보기로 했다. 그 결과 사전에는 '(얼굴이)잘생긴, (균형이 잡혀)단정한, 훌륭한'이라는 정의가 실려있었으며, 'a handsome building 훌륭한 건물'이라는 예문도 나와 있었다. 그렇다면 handsome과 가구를 같이 사용할 수 있을까? 궁금해진 상우는 단순히 handsome furniture를 큰따옴표로 묶어 문장 검색을 해보았다.

| 키워드 | "handsome furniture" |

그 결과 8만 건 이상이 검색되었다(2010.09.01 기준). 이 정도면 괜찮을 것 같았다. 첫 화면에는 가구점 홈페이지가 많았는데 홍보 문구에 handsome furniture라고 적혀 있었다.

Handsome furniture for every room in your home
고객 가정의 각 방에 어울리는 멋진 가구

가구점 홈페이지는 상품을 어필하기 위한 장소이므로 이상한 문구가 쓰여있을 리가 없다. 상우는 handsome과 furniture의 collocation은 100% OK라고 판단했다.

≪'handsome≠핸섬'≫

handsome(영어)과 핸섬(우리말)은 의미의 수비범위가 완전히 일치하지는 않는다.

문장 안에서 형용사가 쓰일 위치를 이해하자

상우는 형용사와 명사를 조합하여 입력한 다음, 검색 결과가 많이 나오면 된다는 식의 단순한 방법을 사용했다. 그러나 와일드카드 검색을 활용하면 자신이 생각지 못했던 단어의 조합이나 사용법을 찾을 수 있게 된다. 그러기 위해서는 문장 안에서 형용사가 어떻게 사용되고 있는가를 제대로 이해할 필요가 있다. 일단 형용사에 대해 복습해 보자.

● 형용사 복습

	형용사	명사
아름다운 꽃(beautiful flower)	beautiful	flower
낡은 집(old house)	old	house
큰 소음(great noise)	great	noise

형용사는 명사를 수식하므로 명사 바로 앞에 놓인다.

정도를 나타내는 형용사의 예를 들어보자. '커다란 영향력'을 표현하기 위해서는 어떤 형용사가 좋을까? big일까?

정치가는 <u>커다란</u> 영향력을 갖는다.
Politicians have a (?) influence.

형용사가 올 자리에 와일드카드를 넣어 검색해 보면 인터넷상에서 influence와 함께 사용되고 있는 다양한 형용사를 발견할 수 있을 것이다. 그리고 거기에는 분명 '커다란'에 해당하는 형용사도 포함되어 있을 것이다. 자, 그렇다면 우선 어떤 키워드를 만들면 좋을지 생각해 보자. 이 경우, 문장의 주어인 politicians를 넣으면 검색 범위가 너무 좁아지므로 제외하기로 하자. 하지만 키워드가 너무 적으면 원하는 결과를 얻을 수 없으므로 적어도 3~4개는 필요하다.

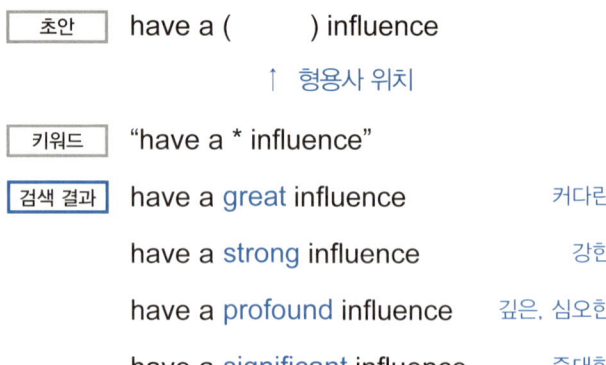

상위 10건의 표시 화면에서는 와일드카드 위치에 위와 같은 형용사가 사용되고 있었다.

이들 모두 '정도가 커다란'을 표현하고 있는데, 다음 화면까지 열어보

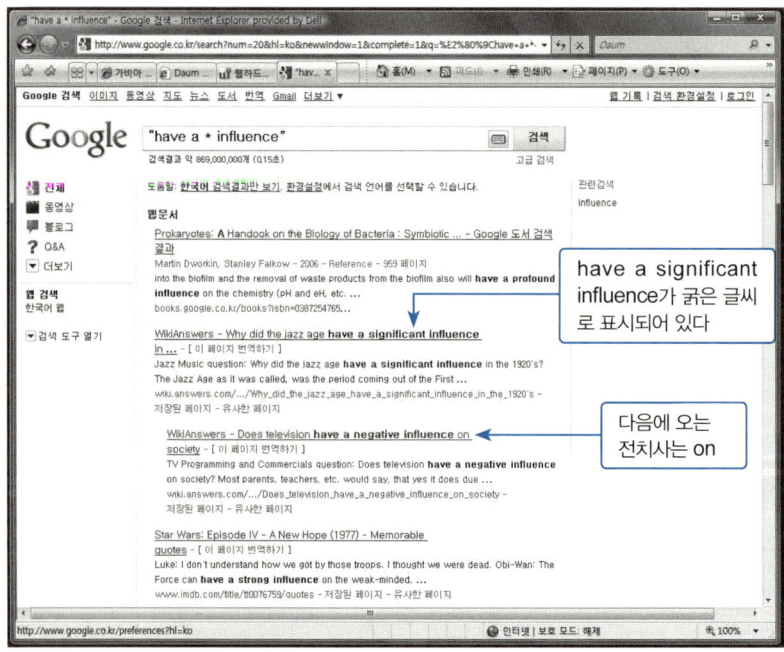

2010.09.01

면 huge, tremendous 등 '거대한'을 표현하는 단어를 발견할 수 있다. 또한 influence 다음에는 거의 on이 온다는 예상 밖의 소득도 있었다.

형용사를 추가해 관용표현 마스터하기

와일드카드 검색을 사용하면 관용표현에 형용사를 추가하고 싶을 때 유익한 검색 결과를 얻을 확률이 높다.

[관용표현]	[형용사 위치]
	⬇
Have an insight into (통찰하다)	Have an ( ) insight into
Have a knowledge of (지식이 있다)	Have a ( ) knowledge of
Make efforts to (노력하다)	Make ( ) efforts to
Make adjustments to (조정하다)	Make ( ) adjustments to
Make improvements in (개선하다)	Make ( ) improvements in

관용구 have an understanding of(~에 대해 이해하고 있다)를 예로 들어 보자. 이 관용구는 다양한 표현에서 사용되는데 형용사를 넣으면 표현의

Chapter 06. 정확한 형용사와 부사 찾기 | 109

폭이 넓어진다. 검색 결과 다음과 같은 형용사를 발견할 수 있었다.

| 초안 | "have an (　　) understanding of" |

↑ 형용사 위치

키워드	"have an * understanding of"
검색 결과	have an adequate understanding of　　충분한
	have an excellent understanding of　　뛰어난
	have an intuitive understanding of　　직관에 의한
	have an accurate understanding of　　정확한

키워드에는 an을 포함시켰으므로 모음으로 시작하는 형용사만이 표시되었다. an을 a로 바꾸어 다시 검색해보니 다음과 같은 형용사로 바뀌었다.

키워드	"have a * understanding of"
검색 결과	have a better understanding of　　보다 나은
	have a clear understanding of　　명확한
	have a thorough understanding of　　철저한
	have a deeper understanding of　　보다 깊이 있는
	have a basic understanding of　　기본적인

이처럼 검색 결과를 표현 사전으로 활용하여 understanding과 궁합이 맞는 형용사를 발견할 수 있다. 검색 결과 중에는 내가 몰랐던 형용사가 있을지도 모른다. 어휘를 늘릴 수 있는 기회이므로 흥미가 있다면 더 많

이 찾아보도록 하자.

  인터넷에는 신속하고 간편하게 찾아볼 수 있는 온라인 영어사전이 많이 있다. 대표적인 인터넷 포털 Daum이나 Naver 영어사전은 한 번만 클릭하면 뜻을 알 수 있다.

    다음 영어사전   http://engdic.daum.net
    네이버 영어사전 http://endic.naver.com

  예를 들면 '깊은 이해'라는 표현을 찾아보고 싶을 때, 일반 사전에서는 '깊은'과 '이해'를 따로 찾아야 하지만 온라인 영어사전에서는 '깊은 이해'를 입력하면 해당 어휘가 있는 경우에는 그 어휘가 표시된다.

> **🔍 Tip**
> 부정관사 a와 와일드카드를 함께 사용할 때는 반드시 an으로도 검색해봐야 한다. a로는 자음으로 시작하는 단어만 검색되기 때문에 an으로도 테스트하여 검색 범위를 모음으로 시작하는 단어로까지 확대해야 한다.

부사 위치 파악하기

  이번에는 부사의 쓰임에 대해 복습해 보자. 부사는 일반적으로 동사나 형용사를 수식한다. 반드시 명사 앞에만 와야 하는 형용사에 비해 부사는 문장 안에서 비교적 위치 이동이 자유롭다. 다음 세 문장을 보자.

그는 재빨리 걸어서 사무실로 들어갔다.

1. He quickly walked into the office.
2. He walked into the office quickly.
3. Quickly, he walked into the office.

Google로 와일드카드 검색을 할 때는 내가 찾고 싶은 단어가 어느 위치에 올지 예상을 해야 한다. 그런 의미에서 부사는 위치 예측이 어려운 단어라 할 수 있다. 그래도 위의 세 문장 가운데 1번 문장의 어순을 이용하면 부사를 쉽게 발견할 수 있다.

예를 들어 사무실에 들어가는 모습을 묘사하기 위해 quickly 이외에 어떤 부사가 사용되는가를 알아보려면 다음과 같은 키워드를 이용해 볼 수 있다.

| 초안 | He (　　) walked into the office. (1번 문장의 형태) |

　　　　↑ 부사 위치

| 키워드 | "He * walked into the" |

검색 결과	He slowly walked into the office.　　천천히
	He calmly walked into the office.　　침착하게
	He boldly walked into the office.　　대담하게
	He casually walked into the office.　무심코

be동사와 형용사 사이에 놓인 부사도 와일드카드를 이용해 검색할 수 있다.

| 예문 | 그녀는 그 결정에 기뻐했다.
| 초안 | She is (   ) happy about the decision.
↑ 부사 위치

| 키워드 | "she is * happy about the"

이 키워드로 검색한 결과, happy에는 really, very, extremely와 같은 부사가 함께 쓰이고 있음을 알 수 있었다.

안성맞춤 형용사와 부사 찾기

수정은 지금의 업무도 그런대로 괜찮지만 더 폭넓은 분야에서 경력을 쌓고 싶다는 꿈이 있어 외국계 회사로의 이직을 고려하고 있다. 그러던 중 관심 있는 회사의 구인광고를 발견하고 지금은 자기소개서를 작성 중이다. 물론 영어로 작성하고 있으며 잘 모르는 부분은 우리말로 남겨 두었다.

> 귀사의 업무에 <u>대단히</u> 관심이 많습니다.
> 저는 <u>풍부한</u> 영업 경험이 있습니다.
> | 초안 | I am (very?) interested in a position with your company.
> I have (풍부한?) experience of sales.

수정은 자신의 열의를 전하기 위해 자기소개서 서두에 '대단히 관심이 많다'라고 쓰고 싶은데 생각나는 말은 very interested가 전부였다. very 는 왠지 유치한데다 이런 평범한 단어는 차라리 안 쓰는 편이 낫겠다는 생각마저 들었다. 그래서 '매우'에 맞는 좀 더 인상적인 부사를 찾기로 했다. 또한 자신의 오랜 풍부한 영업 경험을 어필하기 위해 한영사전에서 '풍부한'을 찾아봤다. abundant, ample, plentiful, rich와 같은 단어가 실려있었는데 어느 것이 experience와 궁합이 맞는지 판단이 서지 않았다. 그래서 Google한테 물어보기로 했다.

일단 첫 번째 문장부터 보자. 어느 정도 관심을 가지고 있는지를 나타내는 부사는 I am과 interested 사이에 올 거라 예상했다. 전체 문장을 다 키워드로 만들면 어휘수가 늘어나므로 with your company는 생략하기로 했다.

예문	귀사의 업무에 대단히 관심이 많습니다.	
초안	I am (　　) interested in a position with your company. ↑ 부사 위치	
키워드	"I am * interested in a position"	
검색 결과	I am very interested in a position	매우
	I am particularly interested in a position	특히
	I am extremely interested in a position	상당히
	I am especially interested in a position	특히
	I am primarily interested in a position	주로
	I am currently interested in a position	현재
	I am really interested in a position	정말로
	I am most interested in a position	가장

I am highly interested in a position   상당히

    검색 결과 화면에서 볼드체로 된 부분을 얼른 훑어본 다음, 수정은 와일드카드 위치에 들어있는 부사를 확인했다. 후보 단어가 많아 감격스럽기까지 했다. 수정은 어떤 걸로 할까 잠시 고민했으나 particularly로 하기로 했다. 해외 거래처 직원의 메일에서 본 기억이 있기 때문에 particularly는 격식이 필요한 표현에서도 사용할 수 있을 거라는 판단에 서였다.

    귀사의 업무에 대단히 관심이 많습니다.
I am particularly interested in a position with your company.

    다음은 두 번째 문장의 '풍부한 경험'이다.

| 예문 | 저는 풍부한 영업 경험이 있습니다. |
| 초안 | I have (　　) experience of sales. |

↑ 형용사 위치

| 키워드 | "I have * experience" |
| 검색 결과 | I have extensive experience in technical translation.   넓은, 다량의 |

(저는 기술번역 방면에 풍부한 경험이 있습니다.)

I have considerable experience in engineering.

                                                               상당한

(저는 상당한 엔지니어링 경험이 있습니다.)

I have **broad** experience in engineering.

광범위한

(저는 광범위한 분야에 걸친 엔지니어링 경험이 있습니다.)

수정은 처음에 사전을 찾아봤을 때 나왔던 abundant, ample, plentiful, rich는 하나도 표시되어 있지 않다는 사실을 깨달았다. 검색 결과 상위 20건 가운데 원하는 문장에 가장 가까운 것은 extensive였기 때문에 이 단어를 사용하기로 했다. "I have extensive experience"가 웹상에서 얼마나 사용되고 있는지 알아보기 위해 구절 검색을 해보니 230만 건 이상이 나왔다(2010.09.01 기준). 그렇다면 안심이다.

경험이 많다는 뜻을 전할 때 우리말에서는 주로 양적인 느낌이 나는 형용사인 '풍부한'을 많이 쓰지만, 영어에서는 extensive나 broad처럼 폭이나 범위를 연상시키는 형용사를 자주 사용한다. 하지만 개인의 지식만으로는 '풍부한'을 보고 넓다라는 의미의 extensive를 연상하기는 어려울 것이며 사전에서도 쉽게 발견하기는 어려울 것이다. 이럴 때 웹의 지식을 이용하면 신속하게 찾을 수 있다.

이번에 수정은 중요한 한 가지를 발견했다. '영업 경험'을 초안에서는 experience of sales라고 했는데 검색 결과를 보니 experience in이 압도적으로 많았던 것이다. '영업의 경험'이기 때문에 of를 선택했는데 experience와 궁합이 맞는 전치사는 in이라는 사실을 알게 되었다. 전치사를 고치고 형용사 '풍부한=extensive'를 넣으니 두 번째 문장도 완성이다.

저는 **풍부한** 영업 경험이 있습니다.

I have **extensive** experience **in** sales.

수정은 웹의 영어자원을 제대로만 활용한다면 이런 식으로 작성한 영문을 혼자 힘으로도 검토할 수 있겠다는 가능성을 깨달았다. 메일은 이제부터가 시작이지만 이런 식으로 사전과 Google 검색을 활용하여 완성시켜보기로 했다.

> **수정이 작성한 자기소개서**
>
> I am particularly interested in a position with your company.
> I have extensive experience in sales.

두 개의 와일드카드 사용법

상우는 최근 Google 검색 실력이 늘어 영작을 할 때는 사전뿐만 아니라 Google 검색까지 병행하게 되었다. 이번에는 외국 사람들 앞에서 회사의 보유 기술을 발표하는 기회가 주어졌는데, 많은 사람 앞에서 발표하는 프레젠테이션 자료이기 때문에 제대로 만들어야 한다는 생각에 밤낮 가리지 않고 열심이다. 상우는 일단 우리말로 원고를 작성하고 그 다음 영어로 옮기기로 했다. 다음은 머리말이다.

우리 회사의 하이브리드 기술은 전 세계적으로 뜨거운 관심을 받고 있습니다.

상우는 사전을 찾아 '관심을 받다'에 attract attention을 쓰기로 하고 다음과 같은 문장을 만들었다.

Our hybrid technology attracts hot attention in the world.
↑ 불안   ↑ 다른 전치사로 할까?

정말 hot attention을 써도 괜찮을까 불안해진 상우는 구절 검색으로 확인해보기로 했다.

키워드   "attracts hot attention"

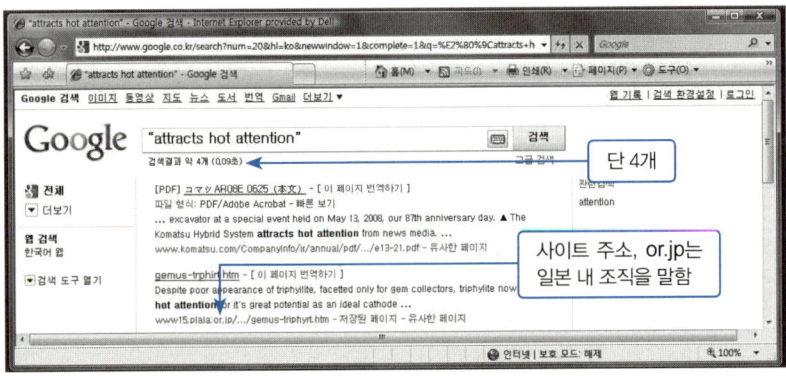

2010.09.01

검색 결과는 고작 4개였다. 화면에는 검색된 웹사이트의 주소(URL)가 표시되어 있다. 상우는 그 주소에 일본을 나타내는 jp라는 글자가 포함되어 있는 걸 봤다. '뜨거운 관심'이라는 건 아무래도 일본어 특유의 표현인 것 같았다. 이를 직역한 영어인 hot attention은 일본인이 운영할 것으로 예상되는 사이트에서만 사용되고 있었다.

상우는 자기가 만든 영어가 일본적인 발상에서 나온 것임을 깨닫고 시무룩해졌다. 어쨌든 hot attention은 포기하기로 했다.

하지만 상우는 hot 대신에 어떤 단어를 넣으면 좋을지 난감했다. 할 수 없이 와일드카드로 바꿔보기로 했다. 그리고 '전 세계적으로'에 적합한 전치사도 와일드카드를 이용해 찾기로 했다.

상우는 아래와 같은 키워드가 떠올라 형용사와 전치사가 들어갈 위치에 각각 와일드카드를 사용했다. 이렇게 하면 일석이조로 한 번에 해결할 수 있을 거라 기대한 것이다. 역시 효율을 중시하는 엔지니어다운 발상이다.

예문	우리 회사의 하이브리드 기술은 전 세계적으로 뜨거운 관심을 받고 있습니다.
초안	Our hybrid technology attracts (뜨거운?) attention ('세계적으로'에 해당하는 전치사) the world.
키워드	"attracts * attention * the world"
검색 결과	attracts considerable attention around the world

상당한

attracts more and more attention around the world

점점 더 많은

attracts much attention around the world

많은

attracts wide attention over the world

광범위한

attracts special attention around the world

특별한

attracts intense attention around the world

열렬한

상우는 상위 30건 가운데 위의 표현들이 유익할 것 같다는 생각이 들었다. '전 세계적으로'에는 around라는 미처 생각하지 못한 전치사를 사용한다는 걸 알게 되었다. '여기저기에서'라는 뜻을 나타내기에는 in보다 더 정확한 단어다. 반면, 형용사는 좀 고민이 되었다. '뜨거운 관심'에는 considerable과 intense가 잘 어울리는 것 같았지만 조심성 많은 상우는 이 둘을 넣어 다시 순위를 검색해 봤다. 결과는 확연하게 달랐다.

| 검색 결과 | "attracts considerable attention" 105,000개
"attracts intense attention" 273개 (2010.09.01 기준)

결과를 보고 다음과 같이 작문을 완성했다.

| 과제문 | 과제문 우리 회사의 하이브리드 기술은 전 세계적으로 뜨거운 관심을 받고 있습니다.
| 완성문 | Our hybrid technology attracts considerable attention around the world.

상우는 업무상 어차피 영어를 써야 한다면 확신이 없는 부분은 Google 검색으로 확인하면서 공부해가자고 생각했다.

여기서 소개한 검색 방법을 습관화하면 collocation이 자연스러운 문장을 쓸 수 있게 될 뿐만 아니라 어휘력을 늘릴 수도 있다. 영어 수준을 높이기 위해서는 머릿속에 영어 표현이 담긴 서랍을 많이 만들어두어야 한다. 검색의 원래 목적이 형용사를 찾는 것이라도 부수적으로 다채로운 구문, 용례, 표현방법 등을 발견할 수 있게 된다. 생각대로 되지 않을 수도 있지만 자신의 테마와 관련된 많은 문장을 읽다 보면 관련 어휘를 시작으로 예상 밖의 수확을 얻는 경우가 많다.

There is no such thing as a wasted search.
헛된 검색은 없다.

EXERCISES

1. competition(경쟁)에 어떤 형용사가 사용되는지 알아보자.

(   )한 경쟁에서 살아남다

| 초안 | survive (   ) competition

　　　　　형용사 위치

| 키워드 | "survive * competition"

2. '대폭 비용 삭감을 실시하다'에서 '대폭'을 표현하기 위한 적합한 형용사는?

비용 삭감을 실시하다

| 초안 | make (   ) cost reduction

　　　　　형용사 위치

| 키워드 | "make * cost reduction"

> 해설

1 다음과 같은 형용사가 검색되었다.

survive tough competition	힘든
survive severe competition	극심한
survive stiff competition	어려운
survive intense competition	심한
survive global competition	세계적인
survive cutthroat competition	치열한
survive massive competition	엄청난
survive escalating competition	차츰 더해지는

2 결과 화면에서 와일드카드 위치에는 다음과 같은 형용사가 들어있었다.

make huge cost reduction	커다란, 대폭적인
make significant cost reduction	대폭적인, 상당한
make drastic cost reduction	과감한, 철저한
make thoroughgoing cost reduction	철저한
make further cost reduction	여분의
make substantial cost reduction	과감한, 상당한
make dramatic cost reduction	극적인, 대규모의
make meaningful cost reduction	의미 있는
make additional cost reduction	추가적인

역시 비용 삭감에 관해서는 많은 사람이 '대폭적인' 삭감을 원하는지 인터넷상에서는 '대폭'을 묘사하는 형용사와 cost reduction이 함께 쓰이는 경우가 많았다.

123

 coffee break 3

사이트의 신뢰성에 대해

이번에는 다시 한 번 자주 하는 질문과 답변을 소개하겠다.

▶ **질문 1. 어떤 것을 믿어야 하나요?**

웹에는 수많은 사이트가 있어 영어로 된 페이지일지라도 꼭 네이티브의 글이라는 보장이 없다. 어떤 것을 믿어야 할지 불안하다.

▶ **답변**

불안한 심정은 충분히 이해된다. 하지만 원클릭으로 입수 가능한 정보에 쓰레기가 섞여있다고 해서 보물까지 무시할 수는 없는 노릇이다. 가치 있는 정보를 찾아내는 눈을 키우자. 이를 위해서는 각 사이트에 주어지는 인터넷상의 주소인 URL에 주목하자. 전형적인 URL은 다음과 같은 형식으로 되어 있다(밑줄 친 부분을 도메인이라 한다).

㈜이레미디어의 URL : http://www.iremedia.co.kr
　　　　　　　　　　　　　　　　　↑　　↑ ↑
　　　　　　　　　　　　　　　　 조직명 종류 나라

iremedia라는 이름의, 한국(kr)에 있는 회사(co)라는 것을 알 수 있다.

㈜케이티의 URL : http://www.kt.com
↑
com을 사용하는 국내 기업도 있다.

나라를 뜻하는 기호를 보면 영어권인지 아니면 비영어권 나라의 사이트인지 알 수 있다. 영어권 나라 가운데 영국은 uk, 캐나다는 ca, 호주는 au다(미국은 인터넷의 발상지라는 역사적 배경 때문에 us를 거의 사용하지 않기 때문에 국가별 기호로는 거의 구별이 되지 않는다). 중국은 cn, 일본은 jp라는 것도 기억해 두자. 영문 검색을 하다 보면 영어권에서 나온 정보의 신뢰도가 높다는 건 분명한 사실이다.

조직의 명칭과 종류도 중요하다. 회사(co, com)의 이름을 보니 신문사였다면 영어에 대한 신뢰도는 한층 더 높아진다. 또한 조직이 교육기관(ac, edu)이나 정부기관(go, gov)인 경우도 신뢰할 수 있다. 반대로 URL에 blog가 포함되어 있다면 이는 개인 블로그임을 의미한다. 블로그 영어가 질적으로 낮다는 것은 아니지만 구어체이거나 문법적인 오류가 포함되어 있을 수 있으므로 신용도는 낮아질 수 밖에 없다.

▶ 질문 2. 신뢰도를 높이기 위해 범위를 좁히는 방법은 무엇인가요?

아쉽게도 이 책에서는 구절 검색과 와일드카드 검색만 소개하고 있다. Google에는 검색 범위를 좁히기 위한 다양한 기능이 있다고 하는데 그런 기능에 대해서도 소개해 주기 바란다.

▶ 답변

이 책에서 다루고 있지 않은 기능에 대해서는 Google 영어판(http://www.

google.com) top page에 있는 "About Google" 혹은 Google 우리말판(http://www.google.co.kr)에서 'Google 정보'를 클릭하면 상세한 해설을 볼 수 있다. 단, 지금 유용하게 쓰일 수 있는 기능을 하나만 소개하자면 키워드에 site:(영어 단어 site에 스페이스 없이 바로 콜론 삽입)을 추가하여 희망하는 웹사이트를 지정하는 방법이 있다. 예를 들어 소비세 consumption tax에 관한 기사를 The Korea Times 사이트 안에서만 검색하려면 다음과 같이 지정하면 된다. 이런 경우에는 미리 The Korea Times의 URL을 알고 있어야 한다.

The Korea Times의 URL : http://www.koreatimes.co.kr
　　　　　　　　　　　　　　　　　　　　도메인 지정
⬇

| 키워드 |　"consumption tax" site:koreatimes.co.kr

이렇게 하면 Google은 The Korea Times 사에서 영자 뉴스로 다뤘던 소비세(consumption tax)에 대한 영문 기사만 검색해주기 때문에 확실히 믿을 수 있는 표현을 얻을 수 있게 된다.

그리고 좀 더 넓은 범위에서 특정한 나라의 조직 종류를 지정할 수도 있다. 만약 영국의 교육기관을 지정하고 싶다면 ac.uk를 site: 뒤에 넣으면 된다.

| 키워드 |　"consumption tax" site:ac.uk
　　　　　　　　　영국의 교육기관

URL의 시스템이나 도메인명에 대해 더 자세히 알고 싶다면 도메인명, 의미, 시스템 등의 키워드를 넣어 Google로 검색해 보자.

Chapter 07

사전에 없는 말 찾기
– 의외로 쉬운 방법

　안타깝지만 사전이라고 해서 모든 단어가 실려있는 것은 아니다. 사전에는 우리가 사용하는 언어 가운데 일부만이 수록되어 있다.

　일상생활에서 흔히 사용되는 말을 막상 한영사전에서 찾아보면 없는 경우가 있다. 또한 기술이 진보하고 사람들의 활동이 글로벌화, 다양화되면서 새로운 단어가 끊임없이 만들어지고 있지만 이러한 말들이 사전에 실리기까지는 꽤나 오랜 시간이 걸린다.

　사전에는 없는 우리말의 영어 표현을 알고 싶다면 인터넷을 이용하자. 지금까지 사용해온 검색 방법을 약간만 발전시키면 다양한 표현이나 딱 들어맞는 표현을 발견할 수 있다. 우리말로는 유추하기 어려운 표현을 찾아낸 순간 Google 검색의 진가를 실감할 수 있을 것이다. 본문에서 설명하는 방법을 잘 읽고 꼭 시도해 보기 바란다.

제일 간단한 방법부터

종이사전이나 전자사전에는 없는 단어가 매일 업데이트되는 인터넷 온라인 사전에는 실려 있는 경우가 있다. 또한 각 분야의 전문용어 사전이 있는 사이트도 많다. 일본의 경우 이런 정보자원 가운데 내가 찾는 말이 있는지 알아보려면 찾고자 하는 말 앞에 '일영(和英)'을 넣어 일본 Google에서 검색하면 Weblio라는 사전통합사이트가 있어 한 번에 해결된다. 하지만 우리나라의 경우에는 이 방법이 통하지 않으므로 다음이나 네이버의 사전 카테고리 내 영어/영영사전로 들어가서 찾고 싶은 우리말을 넣어 찾도록 하자.

키워드	도대체 무슨 말을 하는 거니
검색 결과	What are you talking about?
	I can't understand what you're trying to say.

반대로 영어 단어 또는 숙어의 정확한 우리말 뜻을 알고 싶을 경우 온라인 사전 검색란에 입력해서 찾아도 되지만 더 간단한 방법이 있다. 다음과 네이버에서는 꼬마사전과 툴팁사전이라는 서비스를 각각 제공하여 사용자의 편의를 돕고 있다. 즉, 해당 프로그램을 다운로드 한 컴퓨터에서 문서 또는 이메일 작성 창을 열어 영어 단어 또는 숙어를 쓴 후 마우스만 그 위에 올려놓으면 바로 우리말 뜻과 발음기호를 보여준다. 단, 철자가 틀릴 경우에는 뜻이 보이지 않으니 꼭 확인하길.

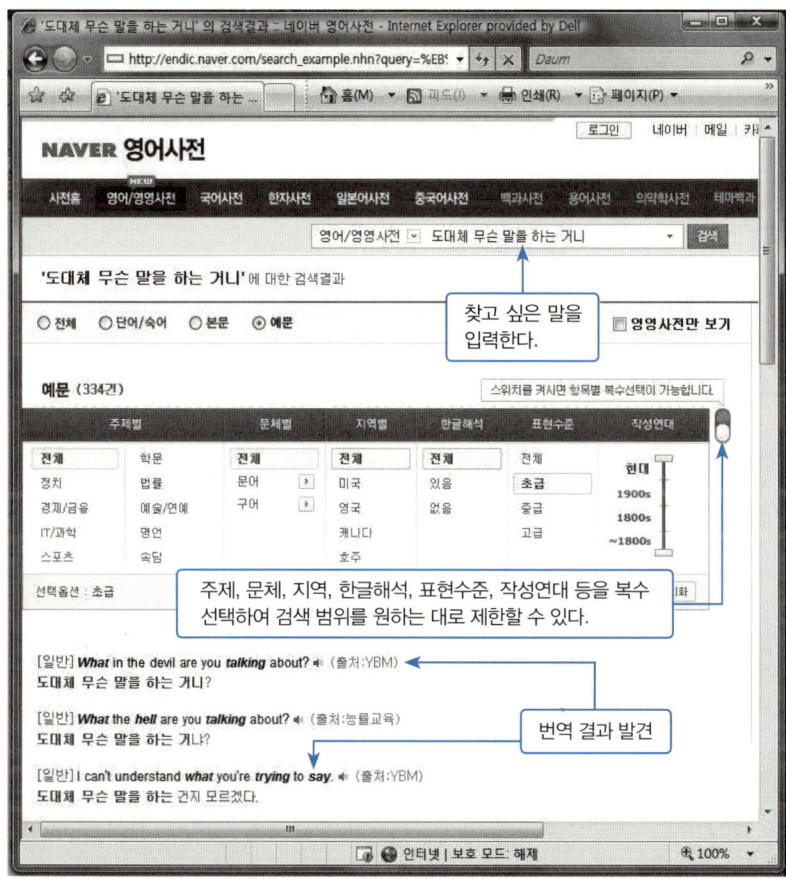

2010.09.01

다음 꼬마사전 안내페이지

http://alldic.daum.net/dic/utility.do?utkd=dic

네이버 툴팁사전 안내페이지

http://toolbar.naver.com/intro/index.nhn?menuId=3

원클릭으로 한영대역 찾기

이제 다시 Google로 돌아와보자. 일반사전에는 나와있지 않은 업계용어, 신조어, 법률명의 영어 표현을 찾고 싶을 때는 번역된 문장에 사용되었을 법한 영어 단어를 넣어 검색해 보자. 우리말 표현과 영어 표현이 나란히 표기된 사이트를 한 번에 찾을 수 있어 검색 시간이 상당히 단축된다.

| 검색 결과 | 찾고 싶은 말 + 함께 쓰였을 것 같은 영어 단어

예를 들어 '자원의절약과재활용촉진에관한법률'의 영어 명칭이 궁금하다고 가정해 보자. '법'은 law나 act를 사용했을 것이라 짐작할 수 있으므로 우리말 법률명과 영어 단어 law 혹은 act(여기서는 act 적용)를 한 쌍의 키워드로 삼는다. 두 단어 사이를 한 칸 띄우고 입력한 후 '검색' 버튼을 클릭하면 영문법령정보에 '자원의절약과재활용촉진에관한법률'과 이것의 영어 표현인 'Act on the Promotion of Saving and Recycling of Resources'을 포함하는 문장이 검색 결과 화면에 표시된다.

| 키워드 | 자원의절약과재활용촉진에관한법률 act
↑
전각 혹은 반각 스페이스

이렇게 한 번에 검색하는 방법은 법률명이나 전문용어 같은 어려운 말을 찾을 때만 사용할 수 있는 게 아니다. 외국인 친구에게 우리나라 애니

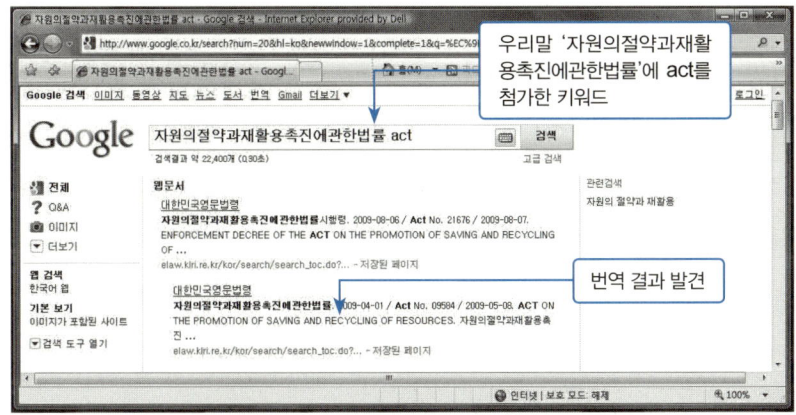

2010.09.01

메이션 '뽀롱뽀롱 뽀로로'에 대한 이야기를 메일로 보내려 한다고 가정해 보자. 클릭 한 번으로 벌새(뽀로로 캐릭터 명: 해리)라는 단어를 찾기 위해서는 어떤 영어 단어와 함께 검색하는 것이 좋을까?

영어로 새가 bird인 것을 알고 있다면 벌새와 bird를 키워드로 삼는다.

> 키워드 벌새 bird

한 번에 검색 완료! 벌새와 humming bird라는 영어 표현을 나란히 표기한 문장이 표시된다.

사전으로는 찾기 어려운 단어 찾기

우리말로는 자연스럽게 사용되는 말이지만 한영사전의 표제어에는 없는 경우가 있다. 또한 업무 현장에서 자주 사용하는 표현도 막상 영어로 하려면 말문이 막히는 경우가 있다. 이번에는 자주 쓰는 우리말인데 한영사전에는 없는 말을 Google 검색으로 찾는 방법을 소개하려 한다.

다시 한 번 자동차 회사에서 근무하고 있는 상우의 예를 들어 보자.

최근 상우는 영어 자료를 작성하는 일이 부쩍 늘었다. 이번에는 해외 클라이언트에게 신차 기술을 설명하는 자료를 작성해야 하는데, 상사로부터 자사의 기술을 어필할 수 있는 문구를 추가하라는 지시를 받았다.

우리는 제품에 품질을 불어넣습니다.
또한, 탁월성을 철저히 추구합니다.

상우는 난감했다. '품질을 불어넣다'라는 말을 어떻게 영어로 표현해야 좋을지 감이 잡히지 않았다. '불어넣다'라면 inspire가 떠오르지만 inspire quality를 사용해도 되는지 자신이 없었다. 게다가 '탁월성'이나 '철저히'도 어렵기는 마찬가지였다.

상우는 '제품에 품질을 불어넣다'부터 해결하기로 했다. 우선 다음과 같이 적어보았다.

We inspire quality into products.

'불어넣다'는 inspire으로 쓰고, 전치사는 into를 쓰기로 했다. into를 택한 이유는 품질이라는 추상적 개념을 제품이라는 구체적 '형태'에 집어넣는 이미지가 떠올랐기 때문이다. 그리고 이 표현이 문제가 없는지 확인하기 위해 구절 검색을 해봤다.

| 키워드 | "inspire quality into products"

| 검색 결과 | ⚠ "inspire quality into products"에 대한 검색 결과가 없습니다.

역시 inspire은 쓸 수 없다는 것을 확인하고 이번에는 와일드카드 검색을 이용해 알맞은 동사가 나오는지 보기로 했다. 반드시 동사가 검색되도록 하기 위해 와일드카드(*) 앞에 to를 첨가했다. 이렇게 하면 to 부정사 형태로 사용되는 동사가 검색되기 때문이다.

| 키워드 | "to * quality into products"

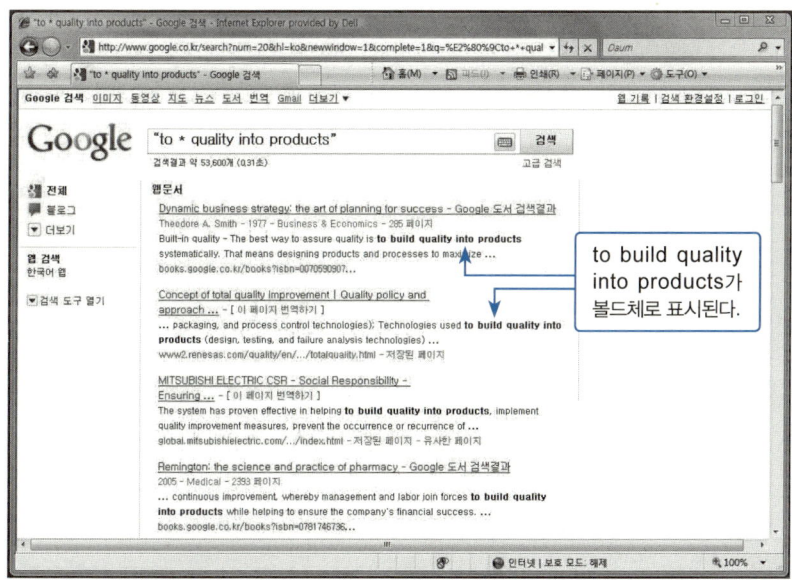

2010.09.01

| 검색 결과 | to build quality into products   확립하다
to design quality into products   설계하다

Chapter 07. 사전에 없는 말 찾기

to incorporate quality into products   짜 넣다

검색 결과 상위 5건에서 사용된 동사를 보고 상우는 의외의 결과에 감탄하고 말았다. build를 사용하고 있었던 것이다. 하지만 build quality는 직역하면 '품질을 세우다'가 되기 때문에 어색하게 느껴졌다. 한편 이 외에도 design, incorporate 등이 사용되고 있었다.

정말 이런 식으로 쓰는 것이 맞는지 궁금해진 상우는 가장 많이 사용되고 있는 동사를 골라 쓸 요량으로 build, design, incorporate 3개의 동사 중 어느 것이 검색 결과 수가 가장 많은지 알아보기로 했다. 결과는 다음과 같았다.

> 인기 랭킹   1위 "design quality into products"
> 2위 "build quality into products"
> 3위 "incorporate quality into products"

검색 결과 '제품에 품질을 불어넣다'라는 개념을 설명하는 문장의 경우 design이라는 동사가 가장 많이 사용되고 있음을 알 수 있었다. design은 디자인하다, 밑그림을 그리다, 설계하다 뿐만 아니라 계획하다, 예정하다, 목적을 품다 등의 뜻으로 사용할 수 있다.

자, 다음 과제는 '철저히 탁월성을 추구하다'라는 표현이다. 상우는 가지고 있는 사전에서 '추구하다=in pursuit of'와 '탁월성=excellence'는 찾았다. 하지만 '철저히'는 어떻게 표현하면 좋을까?

같은 사전에서 '철저히'를 찾기는 했으나 사전에 나와 있는 thoroughly(철두철미하게), completely(완전히)를 써도 좋을지는 자신이 없었다. 인터넷을 찾아보는 게 좋겠다고 판단한 상우는 와일드카드 검색을 활용해봤다. 이 경우 pursuit에 어떤 형용사를 붙이면 '철저히'가 될 것 같다는 생각에 in 과 pursuit 사이에 와일드카드(*)를 넣어봤다. 이렇게 하면 pursuit에 어울리는 형용사를 발견할 수 있을 것 같았다.

예문	(우리는) 탁월성을 철저히 추구한다.
초안	We are in (철저한?) pursuit of excellence.
키워드	"in * pursuit of excellence"
검색 결과	in relentless pursuit of excellence 끈질긴, 가차없는
	in constant pursuit of excellence 불변의, 지속적인
	in passionate pursuit of excellence 정열적인
	in ceaseless pursuit of excellence 끊임없는, 부단한
	in uncompromising pursuit of excellence 타협하지 않는

이번 검색에서는 큰 성과가 있었다. 834만 건의 검색 결과가 나왔고 와일드카드 자리에 위와 같은 형용사가 들어있는 문장을 발견할 수 있었다 (2010.09.01 기준).

상우는 처음 보는 relentless라는 단어를 사전에서 찾아봤다. 뜻풀이에 '집요한, 가차없는, 끊임없는'이라고 되어 있었다. 처음에는 이런 뜻을 가진 단어를 쓴다는 게 어색했지만 곰곰이 생각해 보니 'in relentless pursuit of'는 내 자신에게 냉혹하며 '철두철미하게 한다'는 뜻과 같았다. 그리고 uncompromising 역시 '타협하지 않는, 단호한'이라는 뜻이므로 '철저히'를 표현하는데 무리가 없어 보였다. 결국 웹상에서 가장 많이 눈에 띈 relentless를 쓰기로 결정했다.

처음에는 난감했던 상우, 결국 다음과 같은 문장으로 맺음말을 장식할 수 있었다.

> **상우가 완성시킨 문장**
>
> 우리는 제품에 품질을 불어넣습니다.
> 또한, 탁월성을 철저히 추구합니다.
> We design quality into products.
> We are also in relentless pursuit of excellence.

한영사전에서 '철저히'를 찾아본들 relentless는 나와있지 않다. 하지만 Google 검색에서는 우리말로는 전혀 예측할 수 없는(그래서 사전으로는 찾을 수 없는) 단어와 표현을 찾을 수 있다. 그 비밀은 키워드로 문맥을 지정하고 특정 문맥에서 단어를 찾는, 사전과는 정반대의 접근법에 있다. Google 검색을 통해 내가 표현하고 싶은 개념에 딱 들어맞는 단어를, 또한 적재적소에 배치했을 때의 희열을 여러분도 꼭 맛보기 바란다.

현장에서 사용하는 독특한 표현

의미는 알겠는데 막상 번역하려면 사전은 아무런 도움도 되지 않는 단어들이 많이 있다.

이번에는 '행동계획에 목표를 새기다'에서 단어 '새기다'를 어떻게 바꿀 수 있을지 생각해보자.

행동계획에 목표를 새기다

사전을 찾아보면 목표는 goal, 행동계획은 action plan이라고 나와있다. 하지만 '새기다'는 어떻게 표현하면 좋을까? 전치사 into는 변화를 시사하고 목표라는 추상적인 개념을 행동계획이라는 더 구체적인 틀 안에 새기는 행위와 이미지가 부합함을 알 수 있다. 자, 그럼 goal into an action plan을 키워드로 활용해 보기로 하자. '새기다'는 비유적인 표현인데 물리적으로 무언가를 새겨 넣는 carve나 engrave를 쓸 수 있을까? 구절 검색을 해보자.

초안	(새기다?) "goal (　　) an action plan"
키워드	"goal * an action plan"
검색 결과	to turn your goal into an action plan

　　　　　　　　　　　　　　　　　　　바꾸다

　　　　　　Translate Goal into an Action Plan

　　　　　　　　　　　　　　　　　　　이식하다, 옮겨 심다

검색 결과를 통해 동사 turn과 translate를 발견할 수 있었다. 다른 단어와의 조합, 즉 문맥 안에 이 동사를 넣어보니 역시 '새기다'의 개념은 turn이나 translate라는 단어로 표현될 수 있겠구나 싶은 생각이 들었다. 다음에는 내가 표현하고자 하는 내용에 더 잘 어울리는 단어를 이 두 단어 중에서 고르기만 하는 되는 것이다.

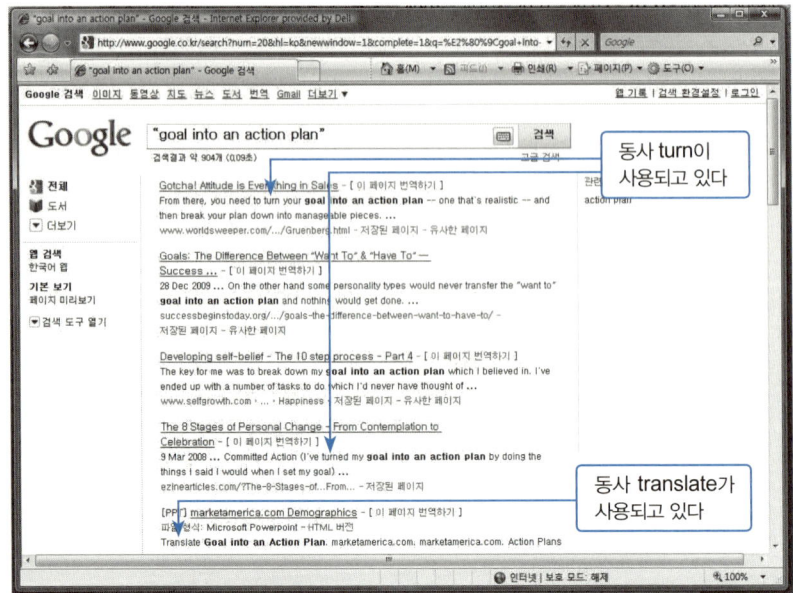

2010.09.01

turn이나 translate 모두 '새기다'와 일대일로 대응하는 단어는 아니다. 이처럼 Google 검색을 이용하면 사전에서도 찾을 수 없었고 나도 예상하지 못했던 최적의 단어를 발견할 수 있다.

한 가지 예를 더 들어보도록 하자.

당 웹사이트에서는 정보를 공유하기 위한 장을 제공하고 있습니다.
This website provides (장?) for sharing information.

'장'은 사전에 나와있고 광의의 개념으로 사용되는 단어이기 때문에 영어 예문도 많다. 예를 들면 장소를 의미하는 place, spot이나 공간을 의미하는 space, 상황을 나타내는 occasion 등이 있다. 하지만 이 가운데 '정보 공유의 장'에 꼭 들어맞는 단어는 없는 것 같다. 이런 경우에도 Google과 상의해 보자. '장'에 해당하는 단어를 와일드카드(*)로 찾으면 되는데, 정보 공유와 관련된 문맥에서 어떤 단어가 사용되고 있는지를 살펴보면 된다.

| 키워드 | "provides * for sharing information" |

검색 결과

provides a forum for sharing information

공개토론의 장

provides an opportunity for sharing information

기회

provides mechanisms for sharing information

기구(機構)

provides tools for sharing information

수단

상위 사이트에서 사용되고 있는 forum은 정보 공유 관련 문맥에서 자주 등장했다. '포럼'이라 하면 전문가들이 모인 회의나 국제학술 포럼 같은 이미지를 떠올리는 분들이 많지도 모르겠는데 이 단어의 원래 뜻은 '공개적으로 토론하는 장'이다.

온라인 무료 영영사전인 Cambridge Advanced Learner's Dictionary (http://dictionary.cambridge.org)에서는 forum을 다음과 같이 정의한다.

forum

a place on the Internet where people can leave messages or discuss particular subjects with other people at the same time
(인터넷상의 장소에서 사람들이 메시지를 남기거나 다른 사람들과 동시에 특정 주제에 대해 토론할 수 있는 곳)

웹사이트에서 말하는 '정보 공유의 장'은 다수의 사람이 의견을 나누는 곳이다. 즉, 위에서 말하고 있는 forum의 정의와 그대로 일치한다. Google 검색으로 문맥에 가장 잘 어울리는 영어 단어 forum을 찾을 수 있었다.

| 과제문 | 당 웹사이트에서는 정보를 공유하기 위한 장을 제공하고 있습니다. |
| 완성문 | This website provides forum for sharing information. |

한영사전에서 '장(場)'을 찾아도 forum보다는 place를 더 쉽게 발견하게 된다. 하지만 문맥을 키워드로 하는 Google 검색에서 '웹상의 지식'을 활용하면 forum이라는 최상의 단어를 쉽게 발견할 수 있다.

EXERCISES

1. '지속 가능한 사회'를 한 번에 찾으려면 이 단어에 어떤 영어 단어를 추가해 키워드를 만들면 될까?

2. 지리산에 사는 반달가슴곰을 외국에 소개하려고 한다. 이를 위해 '반달가슴곰'의 영어 명칭을 알아야 하는데 어떤 영어 단어를 추가해 키워드를 만들면 한 번에 찾을 수 있을까?

> 해설

1. '지속 가능한 사회'의 경우, 사회는 society일 거라 짐작할 수 있으니 '지속 가능'만 찾으면 된다. '지속 가능한 사회'와 society를 조합해 보자.

   > 키워드 지속 가능한 사회 society

   이처럼 키워드만 잘 넣어도 원클릭으로 한영대역이 들어있는 사이트를 발견할 수 있다. '지속 가능'은 sustainable로 번역되어 있었다.

   > 검색 결과 지속 가능한 사회 sustainable society

   한 사이트가 아닌 다수의 사이트에서 sustainable society를 사용하고 있다면 안심하고 사용해도 된다.

2. 곰이 영어로 bear라는 걸 알고 있다면 키워드에 첨가해 검색해보자.

   > 키워드 반달가슴곰 bear
   > 검색 결과 Manchurian black bear

   일반 사전에는 나와있지 않은 식물이나 동물, 혹은 화학물질의 명칭을 알고자 할 때 영어로 간단히 추측할 수 있는 단어가 있으면 그 단어를 키워드에 첨가해 검색해보자. 한 번에 쉽게 검색되는 경우가 많다.

coffee break 4

우리말을 다른 단어로 바꿔보자

영작을 할 때 단어가 금방 떠오르면 가장 이상적이겠지만 현실은 그렇지 못하다. 일단 우리말로 자신의 생각을 정리한 다음 작문으로 옮기는 사람이 많을 것이다. 사전을 찾는 것은 전형적인 변환 과정이다. 하지만 이 책에서 설명하고 있듯 한영 단어가 정확하게 일치하지 않아 collocation이 부자연스러운 문장이 될 때도 있고, 원하는 우리말 단어 자체를 사전에서는 찾지 못하는 경우도 있다. 이럴 때 Google 검색은 적절한 영어 표현을 발견하기 위한 도구로써도 무척이나 유용하다.

단, 명심해야 할 것이 있다. 우리말이 나타내는 개념을 좀 더 유연하게 해석함으로써 적절한 영어를 찾는 일이 얼마나 중요한가 하는 것이다. 번역된 단어나 문장이 부자연스러운 것 같으면 원래의 우리말을 다양한 다른 말로 바꾸어 보자. 더 구체적인 단어로 생각하다 보면 대개는 새로운 시야가 트인다.

예를 들면, 다음 문장은 '의지'에서 막히면 영역을 완성할 수 없다.

항공회사로서 갖는 안전에 대한 강한 의지

'의지'만으로 적절한 표현이 떠오르지 않으면 다른 단어로 대체해보자. 내가 표현하고 싶은 것이 '소망(hope)'인가, '전념, 노력(commitment)'인가, 아니면

'사명(mission)'인가. 여러 단어를 바꿔 넣어가며 생각하다 보면 내가 표현하고 싶은 개념이 무엇인지 본인 스스로도 명확히 깨닫게 되고 어울리는 단어 후보의 범위도 넓어진다. 예를 들면 '강한 의지=전념, 노력'을 표현하고 싶은 거라면 commitment가 좋은 선택이다.

항공회사로서 갖는 안전에 대한 강한 의지

Airline's strong commitment to safety

이런 유사한 예를 몇 가지 더 들어보도록 하자.

① 비즈니스맨에게 익숙한 화제

'익숙한'을 뭐라 하면 좋을까?

→ 더 구체적인 단어 '잘 알려진'을 넣어 생각해 보자.

Topics well known to businesspersons

→ '친숙한'도 괜찮다.

Topics familiar to businesspersons

② (농부의) 집념이 담긴 채소

'집념'을 뭐라 하면 좋을까?

→ 예를 들면 '특별히 재배한' 채소

Specially grown vegetables

하지만 '특별히 재배한'도 애매하기는 마찬가지. 영어에서는 구체적일수록 명쾌한 표현으로 간주되므로 무엇이 특별한지를 적는다.

→ '농약을 사용하지 않고 재배한' 채소

Vegetables grown without pesticides

③ <u>여유로운</u> 일상 생활

'여유로운'에서 표현하고자 하는 것은 무엇일까?

→ '긴장하지 않은'의 뜻이라면

relaxed daily life

→ '마음 편한'의 뜻이라면

peace of mind in daily life

이처럼 한 단어에만 얽매이지 말고 과감하게 다른 단어들로 바꿔보는 습관을 들이자. 정확한 표현을 발견할 확률이 훨씬 더 높아질 것이다.

PART 3

네이티브 감수자, 인터넷

3장에서는 Google 검색을 이용하여 인터넷을 영어의 '네이티브 감수자'로 활용하는 방법을 소개하고자 한다. 영작을 할 때 과연 이 문장이 맞는 건지 아닌지 의심스러운 경우가 있을 거라 짐작된다. 그럴 때 자신 없는 부분은 검색을 통해 맞는 영어인지 틀린 영어인지 확인할 수 있고, 또 만약 틀렸다면 검색을 통해 정정할 수도 있다. 조금씩이라도 체크를 반복하는 사이 네이티브의 감각을 익힐 수 있다.

Chapter
08

일단 나의 영작을 검색해 본다
– 검색 결과가 0인 경우도 있다

이쯤이면 구절 검색과 와일드카드 검색의 편리성과 재미를 어느 정도 실감했을 것이다. 아무튼 이 방법을 자주 활용하여 본인이 만든 문장을 Google로 검색해 보자.

검색을 거듭하다 보면 딱 맞는 표현을 찾을 수도 있지만 '검색 결과가 없습니다'라는 표시가 뜨는 경우도 상당히 많다. 딱 맞는 표현을 찾았을 때의 기쁨은 말할 나위도 없지만 일치하는 결과가 없다는 말에 실망하는 독자도 있을 것이다.

하지만 걱정할 필요 없다. Chapter 8에서는 검색 결과가 없을 때 원하는 검색 결과에 도달할 수 있는 방법을 예시와 함께 설명하고자 한다. 생각의 방법을 약간만 바꾸거나 몇 번의 시행착오만 거치면 검색 실력은 현격히 향상될 것이다. Chapter 8에서 그 기본적인 노하우를 배워보자.

self check

영어가 모국어가 아닌 우리는 자기가 쓴 영어를 보고도 항상 불안하다. 사전을 찾아가며 단어를 나열해도 순서가 잘못된 것은 아닐까, 부자연스러운 단어를 선택한 건 아닐까, 또는 문법적으로 틀린 건 아닐까 하는 걱정에 완성된 문장을 밖에 내놓기가 꺼려진다. 아마 네이티브에게 감수를 받을 수 있다면 좋겠다는 생각을 하는 사람도 많을 것이다.

만약 자신의 영어 표현에 자신이 없다면 Google 검색으로 self check를 해보자. 필자 자신도 영어를 생업으로 삼고 있는지라 매일 이런 불안과 싸우면서 그런 불안감을 Google 검색으로 해소하고 있다. 업무 중에는 항상 Google 검색이 가능한 환경을 만들어두고 어떤 표현에 조금이라도 의문이 생긴다면 그 자리에서 구절 검색이나 와일드카드 검색으로 확인하고 있다. 그리고 모르는 단어나 어려운 표현은 온라인 사전에서 찾아보는데 대개는 몇 초에서 몇십 초 정도면 검증할 수 있기 때문에 매일 여러 번 self check를 하고 있다. 다른 사람이 작성한 문장을 고칠 기회도 많은데 그럴 때도 의심스러운 표현이 나올 때마다 일일이 확인하고 있다. 예를 들면 이런 식이다.

▶ **자신이 없을 때**: '특별한 이유가 없는 한'은 unless there is a special reason이라고 하면 될까?

▶ **검색**: "unless there is a special reason"　　467,000개
→ OK, 사용 가능　　(2010.09.01 기준)

표시 화면에서 unless there is a special reason to do so나 unless there is a special reason for doing so 등 뒤에 오는

단어의 쓰임을 보고 참고로 한다.

소요 시간은 약 0.21초

- ▶ **자신이 없을 때:** '에코 의식이 높다'를 eco-awareness라고 할 수 있을까?
- ▶ **검색:** eco-awareness   6,860,000개

  → OK, 사용 가능

  소요 시간은 약 0.19초

- ▶ **자신이 없을 때:** '~의 조항에 따라'를 as per article from이라고 할 수 있을까?
- ▶ **검색:** "as per article from"   4개

  → 사용 불가능

  as per 대신에 according to를 넣어보자.

  "according to applications from"   201,000개

  → 바로 이거다!

  소요 시간은 약 0.36초

확신 없는 표현이 맞는지 아닌지를 확인할 때, 인터넷으로 검색해 같은 표현이 화면에 많이 표시되면 안심할 수 있다. 내가 쓰는 영어 외에 다른 사람의 질문 역시 일단 검색해 봄으로써 옳은지 아닌지 어느 정도 판단할 수 있다.

스펠링은 기본 – Google에서 스펠링을 체크하자

당연한 얘기지만 철자가 틀렸다면 올바른 영어가 될 수 없다. 스펠링 체크 기능이 보급되어 있는 요즘은 철자가 단 한 두 개만 틀려도 대충 썼다는 느낌이 들기 때문에 주의가 필요하다. 하지만 Google에는 입력한 키워드의 철자가 틀렸다면 올바른 철자를 알려주는 편리한 기능이 있기 때문에 쉽게 교정할 수 있다.

영어에는 변칙적인 철자가 많아 발음되지 않는 자음을 포함하는 단어(예: neighbor)는 틀리기 쉽다. 수요일 Wednesday처럼 중학교 때 배운 단어임에도 d를 어디에 넣어야 할지 아직도 헤매는 경우가 있다. 이렇게 생각이 잘 안 나는 경우에는 단어를 적당히 입력해 보자. 그럼 Google은 다음과 같이 올바른 철자를 제공한다.

| 키워드 | Wendesday |
| 검색 결과 | 수정된 검색어에 대한 결과: Wednesday |

이런 메시지가 표시되기 때문에 올바른 철자를 알 수 있다. 키워드에 여러 개의 단어를 넣은 경우에도 잘못된 철자가 포함되어 있으면 Google이 지적해 준다.

유저는 서비스에 접근할 수 없었다.
Service was unaccessible to users.

이는 '접근 불능'이라는 말을 사용하는지, 철자는 맞는지 모두 불분명한 상태에서 쓴 문장이다. 형용사의 쓰임이 옳은지 아닌지 확인하기 위해 구절 검색을 해보자. user까지 포함시키면 검색 범위가 너무 좁아지므로 키워드는 4개의 단어로 축약했다.

키워드 "service was unaccessible to"
검색 결과 이것을 찾으셨나요? "service was inaccessible to"

사실 unaccessible이라는 단어는 없기 때문에 키워드와 일치하는 문장은 검색되지 않는다. 하지만 Google은 올바른 철자를 유추해서 위와 같이 후보 단어 inaccessible을 표시해 준다.

이뿐 아니라 정정된 키워드 "service was inaccessible to"를 누르면 맞는 키워드로 검색한 결과를 바로 표시해준다.

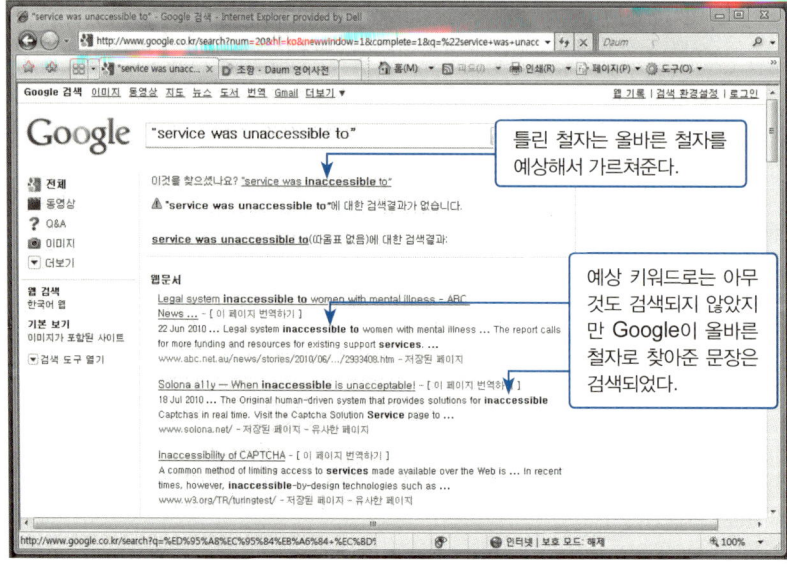

2010.09.01

이런 식으로 검색하면 '이것을 찾으셨나요?'라는 메시지에 의해 올바른 철자를 알 수 있게 된다. 또한 Google이 재치 있게 표시해준 문장들은 형용사 '접근 불능=inaccessible'의 예문으로 참고할 수 있다. 사전을 찾아 용법을 제대로 확인해 본다면 더욱 확실한 공부가 될 것이다.

일치하는 결과가 없다!

내가 생각한 영어 구절의 검색 결과가 많이 나온다면 확인 종료. 하지만 부자연스러운 문장은 검색 결과가 없거나 몇 건 되지 않는다. 그렇다면 극히 일반적인 개념이나 비즈니스에서 자주 사용되는 표현, 상투어구를 영어로 만들어 검색했는데, '검색 결과가 없습니다.'라는 메시지가 뜬다면 그건 무엇을 의미하는 것일까? 이 책 앞부분에서 이 메시지에 대해 언급하기는 했지만 다시 한 번 확인해보자. 이 메시지가 시사하는 것은 전 세계 웹사이트 가운데 내가 생각했던 구절과 동일한 구절이 포함된 페이지가 단 한 개도 존재하지 않는다는 사실이다. 그 문장이 아주 독창적일 가능성을 배제할 수는 없지만 전 세계 사람 가운데 단 한 명도 사용하지 않는 영어 단어의 나열은 잘못된 문장이라 인정하는 것이 안전할 것이다.

어느 날, 수정은 다음과 같은 영작을 했다.

글로벌 기준을 충족하는 시스템을 정비해야 한다.
We must establish a system that fulfills a global standard.

'글로벌 기준을 충족하는'은 자주 듣는 표현이다. 분명 세계적으로 많이 쓰일 거라 확신한 수정은 일단 자신의 영어 표현이 맞는지 확인하기 위해 구절 검색을 했는데 이런 메시지가 떴다.

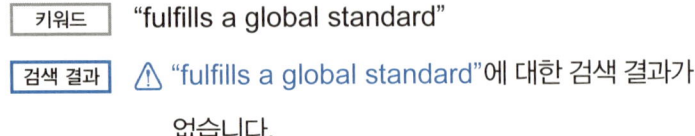

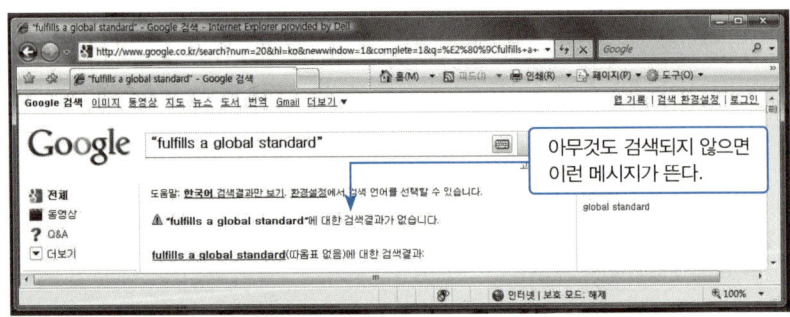

2010.09.01

수정은 단 한 건도 일치하는 결과가 없다는 사실에 깜짝 놀랐다. 내심 자기 번역에 자신이 있었는데 말이다. 이 수많은 사람 가운데 단 한 명이라도 나랑 같은 번역을 한 사람이 없다는 사실이 충격이었다. 하지만 잘못은 잘못이라고 마음을 고쳐먹고 수정에 들어갔다.

수정은 우선 단수 처리했던 a global standard를 복수인 global standards로 바꿔보았다.

| 검색 결과 | "fulfills global standards" 1개 |

결과는 마찬가지. 그래서 fulfill의 s를 빼보았다.

| 검색 결과 | "fulfill global standards"   18개

이번 결과도 만족스럽지 않았다. 아무래도 동사 fulfill에 문제가 있는 것 같다. 수정은 이럴 때 유의어를 활용하면 된다는 사실을 알고 있었다. 다른 동사를 찾기 위해 fulfill과 비슷한 단어 가운데 '충족하다'라는 의미가 있는 단어를 생각해봤다. 우리말로 바꾸어 생각해 보니 금방 아이디어가 떠올랐다. '만족하다=satisfy', '충족시키다=meet'는 어떨까? 자, 이번에는 동사를 바꿔 검색해 보기로 했다.

| 검색 결과 | "satisfy global standards"   2,690개
              "meet global standards"   479,000개 (2010.09.01 기준)

fulfill을 키워드로 했을 때와는 천지차이였다. 이렇게 수천에서 수십만 건이 검색된다면 거의 표준적인 표현이라 판단해도 좋을 것이다. 수정은 검색 개수가 월등히 많은 meet를 사용해 문장을 수정했다.

| 과제문 | 글로벌 기준을 충족하는 시스템을 정비해야 한다.
| 완성문 | We must establish a system that meets global standards.

그런데 fulfills a global standard는 왜 부자연스러운 것일까? 이유는 standard가 단수이며 a가 붙어있기 때문이다. 부정관사 a는 '불특정한 어떤 것'을 나타낸다. '글로벌 기준 가운데 어떤 하나를 만족하는 시스템'이라는 개념은 너무 막연해서 의미가 없다고 할 수 있다.

> **🔍 Tip**
>
> 우리말에서는 명사를 사용할 때 단수인지 복수인지에 크게 신경 쓰지 않아도 된다. 하지만 영어에서는 단수, 복수를 구별해야 하고 의미에도 영향을 준다. 때문에 우리나라 사람이 영작을 할 때는 이 단수, 복수의 쓰임이 부자연스러운 경우가 많다. 명사를 포함하는 키워드로 검색을 했는데 기대하는 결과를 얻지 못했다면 단수를 복수로, 혹은 복수를 단수로 변환해 보자. 올바른 표현을 발견할 수도 있다.

시행착오의 방법

그렇다면 아무것도 검색되지 않았을 때 어떻게 하면 자기 힘으로 자신의 문장을 고칠 수 있을까? 참고로 몇 가지 예를 소개하고자 한다. 단, 이건 어디까지나 예이므로 같은 방법이 만인에게 다 통용되는 것은 아니다. 대부분의 경우, 시행착오를 거듭하면서 하나 둘 발견하다 보면 올바른 번역에 도달하는 길이 보일 것이다.

- Case1: 확신이 없는 상태

    작문할 때 마음의 소리:

    '로그인할 때'를 영어로 뭐라고 하지?

    in time of login인가?

    검색으로 확인해 보자.

| 키워드 | "in time of login" |
| 검색 결과 | 7개 |

인터넷상에서 많이 쓰는 말인데 결과가 고작 7개라는 건 틀렸다는 얘기. 어쩌면 관사가 필요할지도 모른다. the를 넣어 다시 시도해보자.

| 키워드 | "in the time of login" |
| 검색 결과 | 5개 |

응? 이건 더 아니잖아. 그러고 보니 문제는 늘 전치사였어. in을 와일드 카드로 바꿔보자.

| 키워드 | "* the time of login" |
| 검색 결과 | "at the time of login" 440,000개 |

맞아, 그러고 보니 at the time of login은 눈에 익은 걸. 역시 난 관사와 전치사에 약해. 그런데 at the time of login이 된다면 at the login time도 괜찮지 않을까?

| 키워드 | "at the login time" |
| 검색 결과 | 156,000개 |

많긴 하지만 at the time of login이 더 많은걸? 이걸로 하자.

이 경우는 확신이 없는 구절에서 시작하여 잊고 있었던 관사를 넣거나 전치사를 빼거나 하며 적절한 표현에 도달한 예다.

> **🔍 Tip**
> 관사는 우리나라 사람들의 취약점이다. 필수적인 a나 the를 잊어서 검색 개수가 급감하는 경우도 있지만 반대로 필요 없는 곳에 관사를 넣어 실망 스러운 결과를 얻는 경우도 있다. 넣거나 빼거나 하면서 여러 가지 가능성 에 도전해 보자.

- Case2: **무작정 쓰고 보기**

    작문할 때 마음의 소리:
    '간호 업계는 인력난에 빠져있다'를 영어로 뭐라고 하지?
    사전을 찾아보니 '인력난'은 labor shortage, '빠지다'는 fall into 라고 나와 있네. 일단 쓰고 보자.

    The nursing care industry falls into a labor shortage.

    그런데 '구멍에 빠지다'에나 쓰는 fall into를 인력난에도 사용할 수 있을까? 얼마 전, 사전에 나와 있는 단어를 그대로 썼더니 영어선생님이 이상하다고 하셨는데.
    검색으로 확인해 보자.

    키워드 "falls into a labor shortage"

| 검색 결과 | ⚠ "falls into a labor shortage"에 대한 검색 결과가 없습니다.

괜찮아 보이는 데 일치하는 문장이 하나도 없네. 부자연스러운가?

아무래도 동사 falls into가 문제인 것 같다. 이럴 때는 와일드카드 검색이라는 방법이 있었지. 동사 위치에 와일드카드(*)를 넣어 정확한 동사를 찾도록 하자.

이 세상에 인력난에 빠진 업계는 엄청나게 많을 테니 industry와 a labor shortage 사이에 와일드카드를 넣으면 분명 '빠지다'에 해당하는 동사가 나올 거야.

| 키워드 | "industry * a labor shortage"
| 검색 결과 | 543,000개 (2010.09.01 기준)

industry **is facing** a labor shortage
　　　　　　　　　　　　　　직면하고 있다

industry **suffers** from a labor shortage
　　　　　　　　　　　　　　시달리고 있다

industry **are affected by** a labor shortage
　　　　　　　　　　　　　　~의 영향을 받고 있다

industry **faces** a labor shortage
　　　　　　　　　　　　직면하다, (문제를)안고 있다

수확이 있었다. '빠지다'는 곤란한 상황에 있다는 걸 암시하므로 동사는 face나 suffer from이 좋을 것 같다.

| 과제문 | 간호 업계는 인력난에 빠져있다.
| 완성문 | The nursing care industry is facing a labor shortage.

자, 완성이다! 이 경우에는 구절 검색과 와일드카드 검색을 모두 활용했다. 검색으로 적절한 영어 단어 조합을 찾아낸 성공적인 예다. 이런 성공 체험을 거듭하다 보면 검색이 즐거워진다. 이런 식으로 일일이 확인할 시간까지는 없다는 사람도 있을지 모르겠으나 예를 들어 하루 한 번, 정말 몇 분만 투자하여 자신의 영어를 검증한다면 자기도 모르는 사이에 자신의 영어를 연마하는 습관이 붙게 될 것이다.

• Case3: 거듭되는 검색으로 영어 다시 공부하기

마지막으로 검색을 통해 한 통의 편지를 완성시킨 사례를 소개하겠다.

유리는 비글을 키우고 있다. 어느 날, 미국의 온라인 애완견 가게에서 귀여운 강아지용 레인코트를 주문했다. 그런데 상품 수령 후 애완견에게 입혀보니 너무 작은 게 아닌가. 유리는 이것을 반품하기로 마음 먹었다. 이미 지불한 금액은 70달러. 영어로 편지를 써야 한다는 게 무척이나 두려웠지만 비싼 거라 어쩔 수 없다. 유리는 먼저 그 사이트에서 반품 방법에 대한 설명이 있는 고객 서비스 페이지를 읽어보았는데 '반품하다'는 영어로 return, '환불하다'는 refund라는 걸 알았다.

초안

Dear Customer Service Representative:

I purchased a Puppy Raincoat at[1] your website. Unfortunately, the raincoat is too small for my dog. I'm returning the raincoat. Enclosed is copy of my receipt[2]. Please refund me the full money[3]. Thank you very much in advance.

Sincerely,

Yoo-Ree Park

고객서비스 담당자께:

귀사의 웹사이트를 통해 강아지용 레인코트를 구입했습니다. 유감스럽게도 그 레인코트가 제 강아지에게는 너무 작습니다. 레인코트를 반품합니다. 영수증을 동봉합니다. 환불해 주시기 바랍니다. 잘 부탁합니다.

박유리

위의 글은 유리가 처음으로 작성한 편지다. 그런데 다시 읽어보니 왠지 자신이 없어 Google검색으로 확인해 보기로 했다.

1) '웹사이트에서 구입'을 purchase 상품 at your website라고 해도 괜찮을까?

유리는 확인을 위해 Puppy Raincoat 대신 와일드카드를 넣어 검색 결과가 얼마나 되는지 알아보기로 했다.

> 키워드   "purchased * at your website"

전 세계적으로 온라인 쇼핑몰에서 물건을 사는 사람의 수는 엄청날 것이다. 그런데 전치사 at을 포함하는 구절을 사용한 사이트는 단 4개만 검색되었을 뿐이다. at은 아닌 것 같다. 유리는 키워드에서 at을 빼고 다시 한 번 '검색' 버튼을 클릭했다.

> 키워드   "purchased * your website"
> ↑ 적절한 전치사가 발견되리라 기대함
>
> 검색 결과   services purchased through your website
> (당신의 웹사이트에서 구입한 서비스)
>
> How can I return items I purchased from your website?
> (당신의 웹사이트에서 구입한 상품을 반품하려면 어떻게 해야 하나요?)

검색 결과는 1,600만 건 이상이었고, through your website나 from your website를 포함하는 문장이 화면 가득 표시되었다. 아무래도 '웹사이트에서 구입'에는 through나 from이 많이 사용되는 것 같다. (2010.09.01 기준)

유리는 at을 through로 바꾸기로 했다.

> **완성문** I purchased a Puppy Raincoat through your website.

2) Enclosed is copy of my receipt는 괜찮을까?

유리는 이 문장은 괜찮겠지 하는 자신감이 있었다. 왜냐하면 전에 비즈니스 영작 책에서 이런 표현을 배운 적이 있기 때문이다. 하지만 일단 검색해 보기로 했다. 그런데 이게 웬일인가? '검색 결과가 없다.'라는 메시지가 떴다.

> **키워드** "enclosed is copy of my receipt"
> **검색 결과** ⚠ "enclosed is copy of my receipt"에 대한 검색 결과가 없습니다.

그럴 리가 없다고 생각한 유리는 검색 화면을 찬찬히 훑어보다가 깜짝 놀랐다. 본인이 작성한 문장에 부정관사 a가 빠져 있었던 것이다. a 하나 빠졌다고 검색되는 문장이 하나도 없다니 정말 놀라웠다. 유리는 우리한테는 있든 없든 별로 상관없는 a가 아마 무척이나 중요한 역할을 하나보다 싶은 생각이 들었다. 아무튼 실수를 발견해서 다행이었다.

> **완성문** Enclosed is a copy of my receipt.

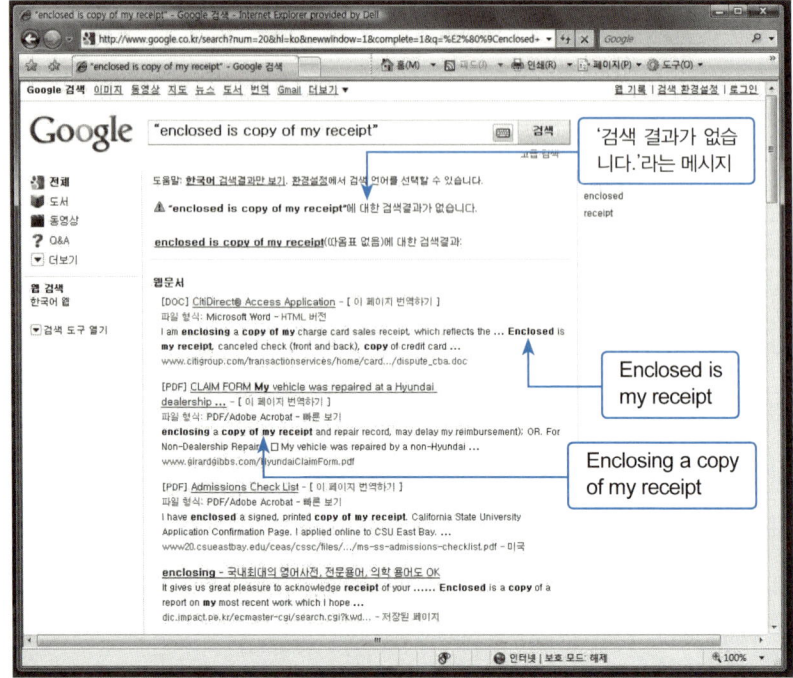

2010.09.01

3) Please refund me the full money는 괜찮을까?

이는 지불한 70달러 전액을 돌려받기 위한 무척이나 중요한 문장이다. 이번 역시 자신이 없어 구절 검색으로 "refund me the full money"를 검색해 봤지만 결과는 고작 4개(2010. 09.01 기준). 유감스럽게도 이런 표현은 하지 않는 것 같다. 유리는 아무래도 full money가 이상한 것 같아 이번에는 "please refund me"로 검색하기로 했다.

> 키워드 "please refund me"

랭크된 사이트에 도움이 될 만한 예문이 있었다. "please refund me

$4,000"이라는 무척이나 간략한 문장이었다. 유리는 전액이라는 단어에 집착했기 때문에 full money라는 이상한 영어를 썼지만 지불한 금액 70 달러를 명시하면 구체적이며 잘못될 일은 없을 거라는 생각이 들었다. 그리고 '가능한 빨리'를 의미하는 as soon as possible(ASAP)를 덧붙인 문장도 있어 이 또한 차용하기로 했다.

> **완성문** Please refund me $70 as soon as possible.

자, 최종 수정 내용이다. 유리는 처음에는 자신 없었던 편지를 혼자 힘으로 고쳤다는 사실이 아주 만족스러웠다.

유리가 완성시킨 편지

Dear Customer Service Representative:

I purchased a Puppy Raincoat through your website.
Unfortunately, the raincoat is too small for my dog.
I'm returning the raincoat. Enclosed is a copy of my receipt.
Please refund me $70 as soon as possible.

Thank you very much in advance.

Sincerely,
Yoo-Ree Park

유리는 Google 검색에서 '검색 결과가 없습니다.'라는 메시지가 떴지만 이에 굴하지 않고 검색 화면에 표시된 문장을 힌트 삼아 편지를 수정하여 완성시킨 것이다.

> **🔍 Tip**
>
> 영문 비즈니스 레터를 작성할 때는 우리말 사이트에 실려 있는 영문레터 예문집을 참고로 할 수 있다. 예문집에서 자신이 찾고 싶은 표현을 정확히 찾아내기 위해서는 우리말 키워드에 영어 단어 한 개를 첨가하는 게 포인트다.
>
> 영문레터 예문집 refund
> ↑
> 영어 단어를 첨가하는 것이 포인트
>
> '영문레터'와 '예문집'만 지정하면 영문레터 작성법에 관한 책 소개 사이트나 광범위한 비즈니스 거래에 관한 예문이 검색되기 때문에 내가 필요로 하는 표현을 발견하기까지 꽤 많은 시간이 걸리므로 도중에 포기하고 싶어진다. 우리말로 '환불'을 첨가해도 별로 효과적이지 못하며 refund라는 영어 단어 하나를 추가함으로써 실제로 refund가 포함된 문장을 검색할 수 있기 때문에 검색에 필요한 시간을 크게 줄일 수 있다. 이는 130쪽에서도 소개했던 원클릭으로 한영대역 찾기를 응용한 것이다.

이번 장에서는 내가 작성한 영문을 Google을 이용해 self check하는 방법을 권유하고 있다. Google에 네이티브 감수자의 역할을 의뢰하면 수많은 검색 결과가 나와 안심하는 날도 있고 검색 결과가 없는 날도 있다. 하지만 틀렸다는 걸 안다는 것은 '맞는지 틀렸는지 조차 모르는' 안갯속을 헤매는 상황보다 몇십 배는 더 낫다. 자신의 표현이 부자연스럽다는 걸 알았으면 검색을 더 해보든지 사전이나 문법책을 찾아가며 수정할 수 있다. 틀렸다는 판단이 있어야 비로소 옳은 것을 발견할 수 있는 다음 단계로 넘어갈 수 있는 것이다.

EXERCISES

1. 영어 선생님으로부터 다음과 같은 질문을 받았다.

"이제 얼마 후면 수업이 끝나는데 집중력이 떨어진 학생을 격려하기 위해, Keep up your concentration to the end of the lesson! 이라고 하면 될까요?"

여러분도 한 번 검색을 통해 이 문장을 쓸 수 있는지 판단해 보자. 키워드는 무엇으로 하면 좋을까? 너무 길면 잘 검색되지 않으므로 두 개의 키워드로 나눠보자.

2. 한영사전에서 '치명적인'을 검색해 보면 fatal이라는 단어와 용례 a fatal disease '불치병'이 실려 있다. 이 같은 비유적인 표현 fatal을 회사와 관련된 표현에 사용할 수 있을까?

가격경쟁은 항공회사에 치명적이 될 수 있다.
Price competition can be fatal for airline companies.

'회사에 치명적'이라는 우리말 표현에 fatal이 실제로 사용되는지 어떤지 다음과 같은 키워드를 이용해 확인해 보자.

> 키워드   "fatal for * companies"

> 해설

1 keep up your concentration to the end of the lesson 전체를 넣으면 아무것도 검색되지 않는다. 단어 10개는 너무 많기 때문에 의미가 나뉘는 구절을 기준으로 두 개로 나눠 검색해 보자.

> 키워드 "keep up your concentration"

이 구절을 검색해 보니 6만 개가 넘는다(2010.09.01 기준). 그리고 문장 안에서 '집중력을 유지하다'라는 뜻으로 쓰이고 있음을 알 수 있었다.

keep up your concentration
keep up your concentration level
keep up your concentration levels
keep up your concentration to the last

사전 사이트에도 관용표현으로 소개되어 있어 사용할 수 있는 표현이라고 판단했다.

> 키워드 "to the end of the lesson"

검색 결과는 1,800만 개 이상(2010.09.01 기준). 사용하는 데 전혀 문제 없는 문장임을 알았다.

2 키워드를 "fatal for airline companies"로 하면 대상이 너무 좁아진다. 여기서는 어떤 회사에도 해당될 수 있도록 와일드카드를 넣어 "fatal for * companies"로 하자.

2010년 9월 현재, 37만 개 이상의 웹페이지가 검색되었다. 실제로 사용되고 있는 몇몇 문장을 읽어보면 fatal은 원문의 '치명적인'과 같은 비유적인 표현으로 사용되고 있음을 알 수 있다.

 coffee break 5

인터넷 검색의 함정
➡ '표절'의 위험성

  이 책에서는 Google 검색을 이용해 웹상의 영어 자원을 사전이나 표현집으로 활용할 수 있는 다양한 기술을 소개하고 있다. 이런 기술을 사용할 때 유의해야 할 아주 중요한 사항이 하나 있는데, 바로 다른 사람이 작성한 문장을 통째로 복사해서 붙이는 행위(속칭 'copy and paste')는 표절이라는 사실이다. 표절은 영어로 plagiarism[pléidərìzm]이라고 한다. 참고가 되는 사이트를 검색해 가면서 영작을 할 때나 자신의 독자적인 생각을 표현하는 경우에는 특히 plagiarism을 의심받지 않도록 주의해야 한다.

  유리의 체험을 예로 들어 설명해 보자. 유리는 대학생이다. 어느 날, 영작 수업 시간에 '건강한 생활을 하다'라는 주제로 에세이를 쓰라는 과제가 주어졌다. 건강한 생활에 빼놓을 수 없는 것은 식사와 수면이라 생각한 유리는 diet, sleep과 같은 키워드를 넣어 인터넷을 검색하고 있었다. 그때, 다음 문장이 선뜻 눈길이 갔다.

Supplements for Sleep and Stress

Daily exercise, a nutritious diet and adequate sleep are all good habits that must be practiced to ensure a balanced life.
http://www.naturalproductsmarketplace.com/.../supplemnts-natural-herbal-stress-sleep.html

(영양이 풍부한 식사와 적절한 수면은 확실한 균형 잡힌 생활을 위해 몸에 익혀야 할 좋은 습관이다.)

바로 자신이 하고 싶었던 말이었다. 단, 작문 주제가 '건강한 생활'이기 때문에 유리는 마지막의 a balanced life만 a healthy life로 바꾸기로 했다.

A nutritious diet and adequate sleep are all good habits that must be practiced to ensure a <u>healthy</u> life.

↑
단어 하나만 바꿈

가뿐하게 에세이 작문을 마치고 제출한 유리는 다음 날 영작 담당인 밥 선생님에게 불려갔다. 밥 선생님은 "과제는 무척 잘했다. 그런데 네 평소 실력보다 더 훌륭하던데 뭔가 참고로 한 것이 있느냐?"는 질문을 했다. 유리는 자신이 참고로 한 웹사이트 얘기를 했다. 심각한 표정으로 얘기를 듣고 있던 밥 선생님은 "그건 표절(plagiarism)로 간주되기 때문에 앞으로는 주의해라."라고 말하고 검색으로 찾은 정보를 어떻게 활용하면 되는지 그 방법을 설명해 주었다. 유리는 멋진 영어 표현을 발견했다고만 생각하고 있었기 때문에 식은 땀을 흘리고 말았다.

이처럼 남을 속일 생각이 전혀 없었더라도 누군가로부터 '표절'이라는 말을 듣는다면 기분이 좋지 않을 것이다. 최근에는 'copy and paste'로 작성한 에세이는 엄중하게 벌하는 교육 기관도 많고 '표절'임이 드러나면 학점이 취소되는 경우도 있다.

'표절'이라는 의심을 받지 않도록 다음 규칙을 잘 기억해 두기 바란다.

* 똑같은 표현을 사용할 때 일반적으로 연속된 다섯 단어(5 words)까지는 허용될 것이다.

  여섯 단어 이상인 경우는 그 표현이 얼마나 관용적인지, 또한 독창적인지 등 상황에 따라 다르다.

* 다른 사람의 문장을 인용할 때는 본문에서 어디가 인용된 부분인지 명확히 구별할 수 있도록 하자.

  즉, 인용 부분을 인용 부호로 묶고 인용처(정보원)를 명시하자. 책의 경우는 책 이름, 저자 이름을 적고 웹사이트인 경우는 URL을 표시한다.

유리가 인용한 문장을 다시 한번 살펴보자.

A nutritious diet and adequate sleep are all good habits that must be practiced to ensure a balanced life.

'영양이 풍부한 식사와 적절한 수면'에 해당하는 nutritious diet and adequate sleep은 다섯 개의 단어로 되어 있다. 이는 일반적인 개념이며 어느 누가 독창적으로 만들어낸 말은 아니다. 이 구절 정도라면 그대로 복사해서 사용해도 문제없다. 유리는 선생님이 지적해 준 대로 에세이를 수정했다.

A nutritious diet and adequate sleep are the keys to a healthy life. I try to eat many different kinds of food at each meal. I also get at least seven hours of sleep every night.

밥 선생은 "잘 고쳤구나. 이 정도면 괜찮다."고 인정해 주었다. 검색을 통해 참고할만한 문장을 발견했다면 긴 문장을 그대로 복사해서는 안 된다. 표절 걱정 없이 사용할 수 있는 단어의 기준은 다섯 개라는 사실을 기억해 두자.

• Common knowledge에 관한 보충 설명

　복사는 5개의 단어를 기준으로 한다는 규칙을 제시했는데 참고로 하려는 정보가 보편적인 사실이거나 상식(common knowledge)이라면 그렇게 엄격히 따질 필요는 없다. 이 책에서 소개하고 있는 검색 키워드는 대개 4~6개의 단어로 이루어져 있고 이 키워드로 검색되는 영어 표현 역시 비슷한 길이이며 모두 common knowledge로 간주되는 표현이다. 또한 속담이나 관용표현, 상투어구, 누구나 사용하는 일반적인 개념 모두 common knowledge라 할 수 있다.

　관용표현

　　He is as cool as a cucumber.

　　　　　　　　　　　　　　　　　(그는 무척 냉정하다.)

　　Make sure you get all your ducks in a row.

　　　　　　　　　　　　　　　(필요한 준비를 제대로 해 두어라.)

　인사문이나 비즈니스의 상투어구

　　Thank you in advanced for your cooperation.

　　　　　　　　　　　　　　　　　　(잘 부탁합니다.)

　　We apologize for any inconvenience this might have caused.

　　　　　　　　　　　　　　　(불편을 끼쳐 대단히 죄송합니다.)

　상식으로 통하는 개념을 나타낸 글

　　We have to reduce CO2 emissions.

　　　　　　　　　　　　　　　(이산화탄소 배출을 삭감해야 한다.)

　　The internet is a network of networks.

　　　　　　　　　　　　　　　(인터넷은 네트워크의 네트워크다.)

Freedom of speech is protected by law.

(언론의 자유는 법률로 보장되어 있다.)

현실적으로는 어디까지가 common knowledge이고 어디부터가 개인의 독창적인 의견인지 판단하기 어려운 회색지대도 존재한다. 본인 혼자 판단하기 어려운 경우에는 인용했다는 점을 분명히 해두자. 인용하지 않는다면 안전을 위해 나만의 언어로 대폭 수정하자. 긴 문장이나 문단을 통째로 베끼는 것은 불성실하며 용인되지 못할 행위다. 인터넷 검색으로 얻은 정보를 참고할 때는 표절이라는 비난을 받지 않도록 주의하기 바란다.

Chapter
09

사전에 실린 단어, 정말 사용해도 될까?
– 문맥으로 접근하자

영작에서 빼놓을 수 없는 것이 한영사전인데 아마 사전을 사용하면서 고민이 되는 독자도 많을 것이다. 이와 관련해서 사람들이 자주 하는 질문은 "이렇게 많은 단어 가운데 어느 것이 좋을까?" 혹은 "이 단어를 이대로 사용해도 될지 모르겠다."와 같은 것이다. 이런 문제는 진지하게 번역을 해 본 경험이 있는 사람이라면 누구나가 갖는 의문점일 것이다.

사전에 나와 있는 단어가 지금 내가 번역하고 있는 이 문장에 어울리는지 확인하기 위해서는 역시 Google로 검색해 보면 될 것이다. 이는 문맥에서 출발해 단어를 찾아가는 방법이라 할 수 있다. 이렇게 검색하는 과정에서 의문이 풀리는 경우도 있고 사전에서 보지 못한 표현을 만나는 경우도 있다.

이번 장에서는 한영사전에서 용례를 찾는 작업과 비슷한, 문맥에서 출발해 단어를 찾는 도구로서의 Google 검색에 대해 생각해 보기로 하자. 지금까지 살펴본 검색 방법이 발상의 대전환에 근거하고 있다는 사실도 깨닫게 될 것이다.

문맥과 collocation의 문제

유리네 학교에서 영작을 가르치는 밥 선생님은 10년 전에 한국에 왔다. 지금은 한국어가 유창하지만 처음에는 말을 빨리 배우려고 사전을 끼고 다녔다. 그러던 어느 날, 자전거를 타고 친구네 집에 놀러 간 밥 선생님은 인사를 한 다음 "역 앞 거리는 무척 바빴어."라고 했다. 그가 하고 싶었던 말은 "The station road was very busy."였으며 사전에 busy는 우리말로 '바쁜'이라고 맨 앞에 나와있기 때문이었다. 친구는 웃으며 "그런 뜻으로 말하려면 '붐비다'라고 해야 해."라고 가르쳐 주었다. 밥 선생은 사전에 나와있는 말을 문맥에 따라서 다르게 사용해야 한다는 것을 절감했다.

사전에 나와 있는 단어와 관련된 고민으로는 다음과 같은 것이 있다.

"사전 맨 앞에 나오는 단어는 가장 많이 사용되는 일반적인 단어라고 알고 있었다. 그런데 그 단어를 넣어 작성한 문장이 이상하다는 얘기를 들었다."

한영사전에 어떤 정의에 대한 단어가 여러 개일 때, 무조건 맨 앞의 단어를 선택하는 사람이 있다. 하지만 사실 사전에 처음 나오는 단어가 최적의 단어라는 보장은 어디에도 없다. 사전에 나와 있는 순서와 내가 쓴 문장에 어울리는 단어인지 아닌지는 별개의 문제다.

다음 문장을 예로 들어보자.

흡연은 심장병 위험을 증대시킵니다.

한영사전에서 '위험'을 찾아보면 danger, risk, hazard, peril, jeopardy

등 다섯 단어가 소개되어 있고 유의어에 대한 설명도 함께 나와 있다.

＊엔싸이버 영어사전(http://www.encyber.com/engdic/) – **'위험'**
danger 일반적으로 쓰이는 말, 촉박한 위험이나 확실한 위험만이라고는 할 수 없다 **peril** 긴박한 또는 일어날 가능성이 있는 위험 **jeopardy** 커다란 위험에 처해 있다는 뜻 **hazard** 우연히 생기는 위험 **risk** 자진하여 부딪치는 위험

그렇다면 실제로 '심장병(heart disease)의 위험'은 이 다섯 개의 단어 가운데 어떤 것을 쓰면 좋을까? 가장 일반적이라는 danger일까? 사전의 설명이 자세하더라도 내가 쓰고 있는 개별 문맥에 가장 잘 어울리는 단어는 사전이 아니라 그 문맥을 통해 선택해야 하는 경우가 있다. 나의 테마와 같은 주제를 찾아 그 문장에서 어떤 단어가 쓰이고 있는지를 발견해 나가는 과정은 Google 검색의 최대 장점이다.

여기서는 다섯 개의 단어가 '심장병의 위험'이라는 특수한 문맥에서 어떻게 쓰이고 있는지를 검증해 보도록 하겠다.

검색 결과		
"danger of heart disease"	239,000개
"peril of heart disease"	8,440개
"risk of heart disease"	10,900,000개
"hazard of heart disease"	12,100개
"jeopardy of heart disease"	5,750개

(2010.09.01 기준)

여기 표시된 숫자를 보면 어떤 단어가 최적의 선택인지 한눈에 알아볼 수 있다. 하지만 다섯 개의 문장을 나열해 놓기만 해서는 형태도 모두 같고 전혀 문제가 없어 보인다. 영어가 모국어가 아닌 우리에게 단어와 단어의 조합만으로 그 문장이 자연스러운지 아닌지를 판단하기란 무척이나 어렵다. 이번 예에서도 알 수 있듯이 아무리 자세히 설명되어 있는 사전을 참고하더라도 danger, peril, risk, hazard, jeopardy 가운데 어떤 단어가 '심장병의 위험'이라는 특정 문맥에 가장 잘 어울리는지 선택하기는 어렵다. 어떤 표현이 영어다운지, 자연스러운지 구분하기 위해서는 문맥 속에서 그 단어가 어떻게 사용되고 있는지를 잘 파악해야 한다.

사전을 펼칠 때마다 일일이 이런 식으로 단어를 넣어 확인할 수는 없지만 어떤 단어가 좋을지 판단이 서지 않아 확인이 필요한 경우에는 이런 식으로 검색을 통해 안심할 수 있는 선택을 할 수 있다.

인터넷을 사전처럼 활용하는 Google 검색의 가장 큰 이점은 문맥에서 출발하여 적절한 단어를 찾는다는 점이다.

영어다운 영어를 습득하자

우리가 처음 말을 배울 때 우리는 어떻게 했던가? 유아기에 말을 배우기 위해 사전을 보지는 않는다. 주변 사람들의 얘기를 귀로 듣고 그 말을 사용할 수 있는 상황을 몸으로 익혀가며 말을 배우는 것이다.

전에 우리 집에 두 살배기 여자아이가 놀러 온 적이 있다. 그 아이는 집안에 있는 계단이 신기했는지 신나게 오르락 내리락 했는데 아직 제대로 걷지 못했기 때문에 어른이 손을 잡고 함께 올라갔다 내려갔다 해주었다. 그때 이제 막 말을 배우기 시작한 그 꼬마가 "도와주셔서 감사합니다."라고 하는 게 아닌가. 아이는 분명 엄마가 자신에게 도움을 준 사람들에게 인사하는 모습을 수없이 많이 봐 왔을 것이다. 그런데 이렇게 절묘한 타이밍에 그 말을 활용하다니. 정말 예의 바르고도 정확한 표현 아닌가?

이 두 살배기 여자아이는 '도와주다'나 '감사하다'라는 각각의 단어의 의미를 이해하고 있지는 못했을 것이다. 단지 이 통문장을 어떤 상황에서 사용하는 게 효과적인지 알고 있었을 뿐이다. 이렇게 일상생활에서 일어나는 어떤 상황을 영작의 세계에서는 '문맥'이라는 말로 바꿔 부를 수 있다.

영어를 습득하기 위해서는 '영어로 생각하기'가 중요하다고 한다. 즉, 영어의 진짜 의미를 파악하기 위해서는 그것을 영어로 이해해야 하며, 자연스러운 표현인지 아닌지는 문맥이 좌우한다.

그렇다면 '영어로 이해하기' 위해서는 무엇이 필요할까? 사실 그 영어의 뜻을 파악하기 위해 꼭 알아야 하는 것은 바로 어떤 상황인가 하는 점이다. 그 말의 진짜 의미를 이해하기 위해서는 두 살배기 아이처럼 누가 어떤 상황에서 그 말을 쓰는지를 전체적으로 파악하는 게 중요하다.

하지만 어른이 된 다음에 말을 배울 때는 외국어를 모국어로 치환하는 작업부터 시작한다. 새로운 영어 단어를 만나면 일단 우리말로 무엇인지 사전부터 뒤져본다. 여러분도 학창시절에 이런 과정을 반복하며 필사적으로 영어 단어를 외웠을 것이다. 그리고 한 단어에 많은 뜻이 들어 있다는 걸 알면서도 한두 개 정도의 뜻만 외우게 된다. 이런 학습법은 효율적이기는 하지만 반복하는 사이 '어떤 영어 단어=암기한 우리말 단어'라는 일대일 대응이 몸에 밴다. 하지만 유감스럽게도 영작에서는 암기한 영어 단어를 우리말로 바꾸기만 해서는 문장이 부자연스러워질 우려가 있다.

영작을 할 때는 이 문맥에서 이 단어가 어떤 의미로 쓰였는가를 느끼면서부터 '영어로 생각하기'가 가능해진다. 따라서 어떤 문맥에서 출발해 단어를 이해하는 방법으로 접근해야 한다. 영어로 메일이나 보고서, 에세이를 작성할 때는 각각의 사정이나 상황을 표현해야 하므로 사전 속의 단어가 '나의 문맥'에 들어맞지 않는 경우가 있다. Google은 문맥에서 단어를 찾는 도구다. Google 검색은 문맥에서 단어를 찾고 그것을 영어로 이해하는 접근 방법, 바로 그 자체다. 인터넷이 등장하기 이전에는 불가능했던 방법이다.

문맥으로 단어를 찾는 접근법

앞에서 특정 문맥에서 collocation이 부자연스러워지는 예를 들었다. 부자연스러운 상태는 그래도 괜찮다. peril of heart disease는 부자연스럽기는 해도 무슨 말을 하고 싶은 건지는 알 수 있으니까. 하지만 부자연스러움을 넘어 아예 뜻이 통하지 않는 경우도 있는데 '대응하다'를 예로 들어 설명해보자.

'대응하다'는 광의의 단어라 무척 편리하기 때문에 실무에서 자주 사용되는 단어다. 하지만 수비범위가 넓은 우리말 단어의 경우, 사전에 나와 있는 뜻을 그대로 적용시키면 의미가 전혀 통하지 않는 경우가 있다. 다음 예를 보도록 하자.

배출규제에 <u>대응하기</u> 위한 기술
↑ 적절한 동사는?

'대응하다'는 상황에 따라 수십 가지 단어로 번역될 수 있다. '변화에 대응하다'는 respond to change일 테고, '문제에 대응하다'는 deal with the problem이 된다. 하지만 이 단어를 작은 사전에서 찾으면 3~4개의 단어, 조금 큰 사전이라도 10개 전후의 단어밖에 소개되어 있지 않다. '배출규제에 대응하기 위한 기술'이라는 말을 하고 싶을 때 만약 사전을 찾아 윗줄에 나와 있는 correspond를 사용해 작문을 하면 결과는 의미 불명의 문장이 되고 만다.

technology to correspond to emission regulations (무슨 뜻?)

correspond to는 '열쇠 번호는 라커 번호와 같습니다'와 같은 경우, 즉 어떤 두 개가 관련 있음을 표현할 때 사용된다. 하지만 '규제에 대응하는'의 경우 그 개념이 전혀 다르다.

Google 검색으로 '대응하다'에 해당하는 동사를 찾아보자. technology와 emission regulations 사이에 와일드카드(*)를 넣어 그 위치에 어떤 동사가 사용되는지 알아보도록 하자.

| 초안 | technology to (대응하다?) emission regulations |
| 키워드 | "technology to * emission regulations" |

이 키워드는 기술과 배출규제라는 문맥을 지정하고 그 문맥 안에서

technology와 emission regulations에 어울리는 단어를 찾는 것이다. 검색 결과 다음과 같은 동사가 발견되었다.

> 검색 결과   technology to meet emission regulations
> 충족시키다, 응하다
> technology to comply with emission regulations
> 따르다, 지키다
> technology to satisfy emission regulations
> 만족시키다

검색 화면에서 상위 20위에 랭크된 페이지 가운데 가장 많이 사용된 동사는 meet였다.

'대응하다'를 일반 한영사전에서 찾아봐도 meet는 나와있지 않다. 하지만 meet emission regulations는 '배출규제에 대응하다'를 가장 정확하게 표현한 문장이다.

> 과제문   배출규제에 대응하기 위한 기술
> 완성   technology to meet emission regulations

여기서 소개한 동사 meet를 발견하는 방법은 사전에서 '대응'이라는 단어를 찾고 그에 해당하는 영어 단어 예문 가운데 meet를 발견하는 것과는 정반대다. 즉, 거꾸로 특정 문맥에 어울리는 단어와 예문을 찾는 형식을 취하고 있다. 이런 방법을 이용하면 collocaton이 정확한 자연스러운 문장을 만들 수 있다.

Google을 검색해도 표시된 문장 안에 내가 표현하고자 하는 문구가 없는 경우도 있을 것이다. 어떤 때는 모르는 단어가 나와 그 단어까지 찾아야 하는 번거로운 경우도 있을지 모른다. 하지만 이런 웹을 사전처럼 활용하는 접근법을 습관화하는 것은 영어를 영어로서 이해하고 문맥을 통해 자연스러운 영어를 익히는 지름길이 된다.

'전문가의 지식'과 '웹상의 지식'

사전이나 문법책은 영어 학습에 없어서는 안 될 존재다. 하지만 사전은 거대한 영어라는 세계의 일부를 잘라내어 대표적인 단어나 쓰임을 반영시켜 놓은 것이다. 사전이라는 '안경'을 끼고 보는 영어의 세계는 신뢰성은 높지만 실은 작은 세계다. 한편, Google 검색은 웹상의 방대한 언어라는 바다에서 내가 필요로 하는 문맥에 딱 맞는 단어를 신속하게 건져 올릴 수 있다. 적절한 문맥 안에 자리하고 있는 단어를 찾는 과정에서는 collocation을 걱정할 필요가 없다. Google 검색은 인터넷상에 있는 수백 억의 영문 페이지를 사전 삼아 각각의 필요를 충족시키기 위해 주문 제작하는 수단이다. 검색을 통해 전 세계인의 살아 있는 언어에 실시간으로 접할 수 있다.

사전을 통해 영어 단어에 도달하는 접근 방법과 문맥을 지정하고 적절한 단어를 찾아가는 접근 방법의 차이를 도표로 그려봤다. 인터넷이 등장하기 전까지는 영어를 이해하기 위해 사전을 매개로 할 수밖에 없었다. 하지만, 지금은 정반대 순서로 접근할 수 있다. 이 두 가지 도구를 알차게 활용한다면 영작 실력을 비약적으로 높일 수 있다.

찾고 싶은 표현:

　'배출규제에 대응하다'

문맥에서 동사를 찾는 키워드:

　"technology to * emission regulations"

"technology to * emission regulations"로 검색

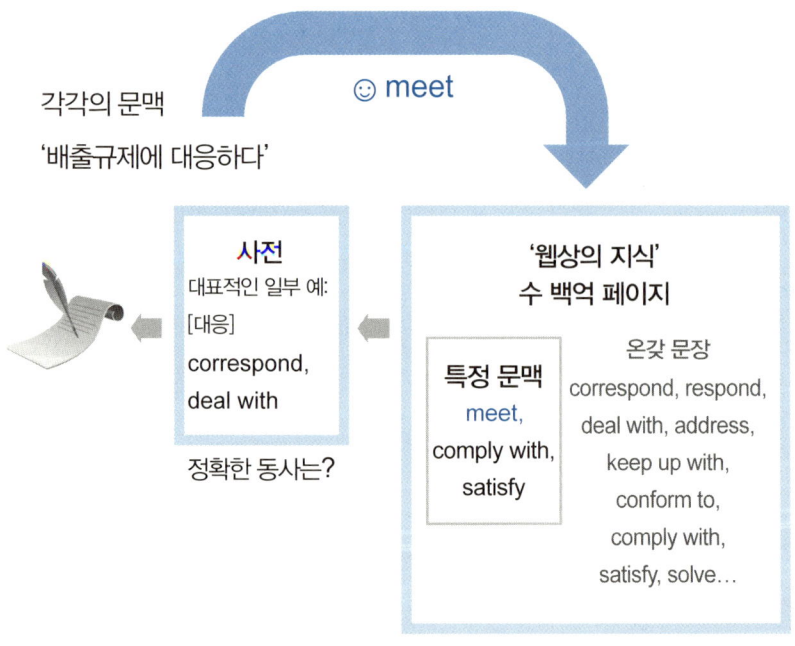

"인터넷상의 정보는 옥석이 혼재한다."고 비판하는 목소리도 있다. 하지만 이런 비판이 인터넷에만 국한된 것은 아니라고 생각한다. 우리는 일상생활 속에서 항상 잡다한 정보에 둘러싸여 있고 그 가운데 적절한 것, 내게 유용한 것을 취사선택하며 살고 있다. Google 검색도 마찬가지다. 쓸데 없는 돌은 무시하고 빛나는 보석을 발견할 줄 아는 판단력이 필요한 것이다. 바로 이 시점에서 기존의 사전이 중요한 의미를 갖는다. 사전은 웹상에서 발견한 정보가 '돌'인지 '보석'인지 판단하는 기준이 된다. 우리는 '전문가의 지식(사전)'을 토대로 '웹상의 지식'을 활용하여 영어 실력을 늘릴 수 있다.

Google 검색과 기존의 사전, 이 둘의 이점을 살리는 형태로 최대한 활용하는 것—이것이 인터넷 시대의 새로운 영작법이다.

이어지는 Part 4에서는 좋은 영어인지 아닌지 직접 판단할 수 있는 기준을 익히고 구문을 분석하는 기술에 대해 소개하겠다.

coffee break 6

한국식 영어를 체크하라

우리말은 수많은 외국어를 우리식으로 받아들이면서 어휘의 양을 늘려왔다. 하지만 그런 식으로 들어온 외래어와 영어의 의미가 항상 일치하는 것은 아니기 때문에 영작을 할 때는 주의해야 한다.

예를 들어 웹사이트에 게재되어 있는 정보를 우리말로는 '콘텐츠'라고 하고 사이트의 내용인 이미지나 텍스트를 제작하는 사람을 '디지털 콘텐츠 디자이너'라고 부른다. 하지만 "digital contents designer"로 구절 검색을 해 보면 검색 건수는 100여 개 정도이며, 그것도 대부분이 비영어권 나라의 개인 블로그다. 이런 사이트에는 외래어나 콩글리시(Konglish)가 포함되어 있을 가능성이 있으므로 주의하자.

디지털 데이터에 기반한 문장, 이미지, 영상 등의 미디어 정보를 가리키는 경우, 우리말로는 콘텐츠라고 하지만 이에 대응하는 영어는 contents가 아니라 s가 없는 content다. digital contents designer를 바르게 고치면 digital content designer이며 이를 검색해 보면 대부분 영어권 나라의 웹사이트가 검색된다.

"digital content designer"   4,750개 (2010.09.01 기준)

검색 건수를 단순 비교해 보면 40여 배가 넘는 차이가 나 digital content designer가 올바른 표현임을 알 수 있다.

외래어에 근거하여 만든 영어 표현을 Google에서 검색한 결과, 검색 건수가 적고 게다가 비영어권 나라의 사이트만 검색됐다면 한국식 영어는 아닌지 의심해보기 바란다. 이것이 self check가 갖는 의의다. 이상한 것 같으면 당장 검색해 보거나 사전을 찾아보자. 이렇게 해야 바른 표현을 익힐 수 있다.

콩글리시에 빠지지 않기 위한 예방책으로는 외래어를 피하고 구체적인 단어로 생각을 정리하는 방법을 들 수 있다. '콘텐츠'를 예로 들어보자. 정보의 종류를 알고 있는 경우라면 콘텐츠 대신 '이미지'나 '문서' 등으로 바꿔서 표현하는 편이 더 명쾌한 문장을 만들 수 있다.

당 웹사이트의 콘텐츠는 마음대로 사용할 수 있습니다.
Feel free to use the content of this website.
↓
당 웹사이트의 이미지와 기사는 마음대로 사용할 수 있습니다
Feel free to use the images and articles of this website.
더 구체적

외래어를 사용하지 않고 제대로 된 우리말로 사전을 찾는 것도 중요하다. 다음 문장을 보자.

사회자가 메인 게스트인 앨더 박사를 소개하겠습니다.
The MC will introduce the main guest, Dr. Elder.

위의 문장에서는 '메인 게스트'라는 외래어를 그대로 사용하고 있다. 사실 main guest라는 영어는 정중한 표현이 아니다. 여기서는 무책임한 외래어인 '메인 게스트'를 그대로 쓸 것이 아니라 '주빈'을 사전에서 찾아보면 guest of honor라는 경의가 담긴 단어를 발견할 수 있다.

사회자가 주빈인 앨더 박사를 소개하겠습니다.
The MC will introduce the guest of honor, Dr. Elder.

구절 검색을 해보면 그 차이는 다음과 같다.

"introduce the main guest"   9개
"introduce the guest of honor"   8,140개 (2010.09.01 기준)

혹시 콩글리시가 아닐까 걱정된다면 Google로 검색해 보자.

PART 4

오프라인에서도 명쾌한 영어를

이 파트에서는 인터넷 세상 밖에서도 '명쾌한 영어'를 쓰는 방법에 대해 설명하려고 한다. 명쾌한 영어의 잣대를 익힘으로써 내가 작성한 영문의 질을 판단할 수 있게 될 뿐만 아니라 웹에 올라와 있는 영어의 질 역시 가늠할 수 있게 된다. 세 가지 간단한 방법으로 명쾌한 영어인지 아닌지 금방 체크할 수 있으므로 실력을 한 단계 향상시키겠다는 목표로 반드시 이 진단법을 익혀두기 바란다.

Chapter
10

명쾌한 영어란?
– 정보발신을 위한 처방전

　PART 2와 PART 3에서는 Google 검색을 이용해 웹을 자신의 필요에 맞게 100퍼센트 개별맞춤한 사전과 용어집으로 활용하는 기술과, 네이티브 감수자로 활용하는 기술에 대해 설명했다. 둘 다 내 힘으로 내가 쓴 글을 교정하고 더 좋은 문장을 만들기 위한 효과적인 방법이다.

　자, 이제 다음 단계에서는 영어의 '질'을 평가하는 능력을 키우고 명쾌한 영어를 쓸 수 있도록 해보자. Google을 100퍼센트 활용하기 위해서는 영어에 대한 심미안을 기르는 것도 중요하다.

　이 장에서는 '명쾌한 영어란 무엇인가'에 대한 정의를 내리는 것으로 시작하겠다. 그리고 영어의 문장 구조를 분석하고 쉬운 문장, 명쾌한 문장의 기준과 구체적이고 간단한 self check 방법을 소개하겠다. 최종적인 목표는 내가 전하고자 하는 정보를 확실하게 전달할 수 있는 문장을 쓰는 것이다.

완성 후에는 반드시 다시 보라

어느 정도 영어 실력을 갖췄으면서 업무상이나 학교에서 영어로 글을 쓸 기회가 많은 사람들이 자주 하는 질문이 있다. "이 정도 영어로 괜찮을까요?"하는 불안 섞인 질문. 용건을 전달하고자 다양한 단어를 조합하고 말을 이리저리 바꿔봐도 뭐가 맞는 표현인지 모르겠다며 어려워한다.

영어 참고서에는 올바른 표현이 잔뜩 소개되어 있다. 하지만 그런 참고서로 아무리 공부를 해도 내가 쓴 이 문장이 맞는 건지 틀리는 건지는 도저히 판단이 서지 않는다. 그럴 때 네이티브 스피커나 선생님, 직장 상사에게 자기가 쓴 글을 보여주고 수정을 받는 일은 아주 중요하다. 하지만 다른 사람의 지적은 종종 머릿속을 그대로 관통하여 저 멀리 망각의 세계로 가라앉고 만다.

지식이 피가 되고 살이 되기 위해서는 다른 사람의 지적이 아니라 본인 스스로 공부해서 이해하는 과정의 반복이 필요하다. 내 문장을 다시 보고 고쳐보는 습관은 '맞는 건지 틀린 건지 잘 모르는' 상태에서 탈출하는 데 있어 필수적이다. 인터넷 환경이 되든 안 되든 내가 쓴 문장은 반드시 다시 보자.

목표

self check 기술을 소개하기에 앞서 무엇을 위해 이 기술이 필요한가 하는 목표를 확실히 정해두자. 우리의 목표는 바로 '**명쾌한 영어 쓰기**'다.

명쾌한 영어란 무엇일까? 이 책의 서두에서는 명쾌한 영어를 작문의 관점에서 다음과 같이 정의하고 있다.

간결하고 읽기 쉬우며 내용이 머릿속에 쏙 들어오는 영어

학창 시절에 영어로 된 난해한 글을 많이 접해 고생해 본 경험이 있는 사람은 이 정의가 다소 의외라는 반응을 보일 수도 있겠다. 하지만 수수께끼처럼 고생을 해야만 이해할 수 있는 영어만이 고급 영어는 아니다. 읽기 쉬운 문장은 읽는 이에게 부담을 주지 않는다. 명쾌한 영어는 읽기 쉽기 때문에 정확하게 전달되고 커뮤니케이션을 즐겁게 만든다. 글을 쓰는 것도 무척이나 즐겁다. 인적, 물적 자원이 세계적 규모로 이동하는 현대 사회에서는 영어가 공통어로 사용되고 있다. 내가 쓴 문장을 읽는 독자가 항상 네이티브라는 법은 없다. 영어를 모국어로 하지 않는 사람들끼리 의사소통을 하는 경우도 많고 그럴 때는 특히 누가 읽어도 쉽게 이해할 수 있는 영어를 써야 한다. 내가 하고 싶은 말을 충분히 전달할 수 있는 간결하고 명쾌한 영어를 쓰도록 하자.

명쾌한 영어인가 아닌가 – 기준

명쾌한 영어인가 아닌가를 판단하기 위해서는 어떤 기준이 필요하다. 질을 판단하는 기준을 criteria(표준, 기준)이라고 한다. 여러분은 한 번만 읽었을 뿐인데 머릿속에 쏙 들어오는 문장을 만난 경험이 있을 것이다. 그럴 때면 이해도 쉽게 되고 기분도 참 좋다. 한편 몇 번을 읽어도 무슨 말인지 잘 이해되지 않는 난해한 문장도 있을 것이다. 내용 파악이 안 되는 이유가 여러분의 영어 실력 탓이라고 생각하는가? 실은 이해가 잘 안 되는 것은 독자들 탓이 아니라 작가의 문제인 경우가 많다.

명쾌한 영어는 다음의 두 가지 기준을 만족시킨다.

(1) 주어와 동사가 명확하다.
(2) 최소한의 어휘로 최대한의 정보를 전달한다.

구체적인 예를 들어보자. 미국에서 널리 읽히고 있는 『The Elements of Style』(William Strunk Jr., E.B. White 저, Pearson Education Company 간행) 이라는 작은 책이 있다. 이 책은 간결하고, 알기 쉽고, 읽기 쉬운 문장을 쓰는 방법에 대해 논하고 있다. 그 가운데 '능동태를 사용하자'는 내용이 있는데 다음 두 문장을 예로 들고 있다. 둘 다 낙엽이 땅에 수북이 떨어진 가을 정취를 묘사하고 있다.

A. There are a number of dead leaves lying on the ground.
B. Dead leaves covered the ground.

『The Elements of Style』, William Strunk Jr. and E.B. White, p.19
웹상에도 공개되어 있다. http://www.bartleby.com/141

이 두 문장 가운데 어느 것이 더 명쾌하고 강력하다고 생각하는가? 몇 사람에게 물어본 결과 두 문장 모두 문법적으로는 아무 문제도 없고 표현만 다를 뿐이므로 어느 쪽이 더 좋다고는 말 못하겠다는 의견이 있었다. 『The Elements of Style』의 저자는 B는 능동태이기 때문에 인상도 강하고 뛰어난 문장이라고 해설하고 있다(A는 be동사를 사용하고 있으므로 수동태의 일종이라고 나와 있다). 이 정도로는 완전히 수긍하기 어려울 것 같으니 A와 B를 이 책에서 언급했던 두 개의 기준에 대입해 보자.

    A. There are a number of dead leaves lying on the ground.
            동사   주어 (또 다른 동사)   (11단어)

    B. Dead leaves covered the ground.
             주어   동사   (5단어)

    우선, '주어와 동사가 명확하다'는 관점에서 보면 B는 주어와 동사가 알기 쉽게 드러나있다는 이점이 있다. 주어인 leaves와 동사인 cover가 붙어 있어 '누가 무엇을 하다'라는 문장의 기본 이념을 나타내는 관계가 직접적으로 표현되어 있기 때문이다. 또한, B에는 강한 동사가 사용되었다. 강한 동사란, 한 단어 안에 많은 의미가 함축되어 있으면서 동작을 정확히 묘사할 수 있는 동사를 말한다. 이 예에서는 A에 사용된 are과 lying이라는 두 동사의 의미가 B에서는 cover라는 단 하나의 동사로 충분히 표현되고 있다. 즉, cover가 더 인상적인 동사라 할 수 있다.

    다음으로 두 번째 기준, '최소한의 어휘로 최대한의 정보를 전달한다'는 단순히 단어의 수만 비교하면 된다. A에 사용된 단어는 11개, B는 5개다. 같은 가을 풍경인데 B는 절반 이하의 단어만 가지고 표현하고 있다. 바꿔 말하면 B는 최소한의 어휘로 최대한의 정보를 전달하고 있는 셈이다. 아무렇게나 단어를 갖다 붙인다고 해서 명쾌한 문장이 되는 게 아니다. 직접적이고 간결한 표현이야말로 읽는 이에게 그대로 전달된다.

    B가 더 알기 쉽고 명쾌한 문장이라는 증거로 실험을 하나 해보자. 우

선, 각각의 문장 첫 부분의 세 단어만 남겨두고 나머지는 손가락으로 가려보자. 그리고 맨 앞의 세 단어가 내 머릿속에 그리는 그림을 비교해 보기 바란다.

There are a → 아무 이미지도 떠오르지 않는다.
Dead leaves covered → 낙엽의 이미지, 뭔가를 뒤덮고 있는 무수한 낙엽이 있다.

이것만 봐도 알 수 있듯이 명쾌하고 좋은 문장은 문장을 읽기 시작한 그 순간부터 선명한 이미지를 불러일으킨다. 읽는 이의 머릿속에 생생한 그림이 그려지게 하는 문장이 묘사력이 뛰어난 문장이다.
내 영어를 혼자 힘으로 수정한다는 것은 영어에 대한 심미안을 기르는 일이다. 자, 간단한 self check로 명쾌한 영어 쓰기 연습을 해보자.

구체적인 기술

어떤 것을 정말 열심히 연습하고 있을 때 누군가 구체적인 충고를 해주면 무척이나 고맙다. 예를 들어 테니스를 연습할 때 코치가 "공을 스위트 스팟(sweet spot)에 맞혀라."고 말해도 초보자는 어떻게 하면 그렇게 되는지를 모른다. 그저 노련한 상대의 공이 '팡-'하는 맑은 소리를 내며 날아가는 것을 한숨 섞인 눈빛으로 지켜볼 뿐이다. 그럴 때는 폼을 교정할 수 있도록 몸의 각도나 팔의 움직임에 대해 구체적인 충고를 해줬으면 좋겠다는 생각을 할 것이다.

하지만 영작에는 코치가 없어도 명쾌한 영어를 쓸 수 있도록 도와주는 구체적인 self check 기술이 있다. 앞에서 명쾌한 영어를 위한 기준 두 가지를 소개했다.

(1) 주어와 동사가 명확하다.
(2) 최소한의 어휘로 최대한의 정보를 전달한다.

이번에는 내가 작성한 영문이 이 두 가지 조건을 만족시키고 있는지 어떤지를 확인할 수 있는 실질적이며 또한 구체적인 세 가지 기술을 소개하고자 한다.

① 문장의 첫 단어부터 다섯 번째 단어까지 밑줄을 긋는다.
② 문장의 주어와 동사에 동그라미를 친다.
③ 어휘를 센다.

이렇게 간단한 방법으로 명쾌한 영어를 쓸 수 있다는 게 안 믿길지도 모르겠다. 하지만 이 세 가지는 단순한 것처럼 보여도 실은 상당히 깊이가 있는 기술로, 영어 문장의 구조를 분석하고 어느 정도 읽기 쉬운 문장인지를 평가하는데 효과적이다.

지금부터는 설명을 위해 기호 S와 V를 사용하겠다. S는 subject의 머리글자로 '주어'를 의미하고, V는 verb의 머리글자로 '동사'를 의미한다. SV로 표시된 것은 '주어와 동사'를 가리킨다.

Chapter

11

간단 self check①
– 앞에서부터 다섯 단어에 밑줄

맨 처음 소개할 것은 '앞에서부터 다섯 단어에 밑줄 긋기' 방법이다. 왜 이 방법이 효과적인가 하면 한국어와 영어는 정보를 전달하는 방법이 다르기 때문이다.

한국어와 달리 영어는 결론을 먼저 말하는 언어다. 때문에 한국어를 하듯이 그대로 영어를 쓰면 머리 쪽이 무거운 문장이 되고 만다. 문법적으로는 옳다 하더라도 이런 문장은 네이티브에게는 짜증나는 글이 될 수 있다.

따라서 영어를 쓸 때는 '누가', '무엇'을 하는가를 명확히 하고, 그 요소를 가능한 한 문장 첫머리에 넣는 게 중요하다.

이런 기준 하나만으로도 영어로 된 문장을 읽을 때 이것이 명쾌한 문장인지 아닌지 판단하면서 읽을 수 있다. 또한, 명쾌한 문장의 기준을 의식하면서 많은 문장을 접하는 사이 본인 역시 쉬운 글을 쓸 수 있게 될 것이다.

정보량을 판단하는 방법

한국어와 영어의 커뮤니케이션 스타일을 비교해 보면 한국어는 상세한 설명이 먼저 나오고 결론이 나중에 등장하는 우회적인 접근, 영어는 결론이 먼저 나오고 상세한 설명이 나중에 등장하는 단도직입적인 접근이라는 특징이 있다. 전반적인 커뮤니케이션 스타일뿐만 아니라 하나 하나의 문장을 보더라도 영어는 가능한 한 빨리 요점을 말함으로써 명쾌한 표현이 가능해진다.

영문 self check의 첫 번째 기술은 앞에서부터 다섯 단어에 밑줄을 긋는 것이다. 실제 연필을 사용하지 않고 눈으로만 세어도 상관없다. 다섯 개라는 것은 일종의 기준이므로 문장이 짧다면 세 개나 네 개도 좋다. 진짜 혹은 가상의 선을 그을 때 주목해야 할 점은 초반부에 얼마나 많은 정보가 포함되어 있느냐 하는 점이다.

영어는 요점 먼저

한국어는 대부분 주어의 행위를 나타내는 동사가 문장 끝에 놓이면서 전문의 의미가 마지막에 결정된다. 다음 문장을 읽어보자. 얘기를 끝까지 듣지 않으면 주인공의 신변에 무슨 일이 일어났는지 알 수가 없다.

열심히 일하며 회사에 헌신한 결과, 그는……

'승진했다'라면 해피엔딩이지만, 가정을 돌보지 않아 부인에게 미움을 받았다는 얘기가 올 수도 있다.

이 문장을 A와 B라는 두 가지 영문으로 만들어 보았다. A는 우리말의 어순에 따라 작성했고, B는 어순을 바꿨다. 문법적으로는 둘 다 맞는 문장이다.

열심히 일하며 회사에 헌신한 결과, 그는 승진했다.

A. <u>As a result of his</u> hard work and contributions to the company, he received a promotion.
　　　　　　　　　　　　　　　　　　　S　　V

B. <u>He received a promotion as</u> a result of his hard work
　　S　　V
　and contributions to the company.

어느 쪽이 더 명쾌한가를 판단하기 위해 앞부분의 다섯 단어에 밑줄을 긋고 정보량을 비교해 본다.

A. As a result of his　　　→ '그의 ○○한 결과'
　　　　　　　　　　　　　무슨 얘기지?

B. He received a promotion as　→ '그는 승진했다'
　　　　　　　　　　　　　축하합니다!

앞에서부터 다섯 단어에 밑줄을 그어보니 B에는 주어(S)와 동사(V)가 들어 있어 요점을 먼저 말하고 있다는 걸 알 수 있다. 의미의 본질이 되는 SV가 앞머리에 오는 문장은 처음부터 독자의 주의를 끄는 힘이 있다.

직접적으로 요점을 전달하고 있다는 관점에서 평가하면 B가 훨씬 뛰어난 문장이다.

밑줄을 긋는 self check 방법으로 앞머리의 정보량이 적다는 걸 알았다면 he received a promotion을 앞쪽으로 옮길 수 있을 것이다. 주요 정보를 먼저 제시하면 영어다운 발상에 기초한 문장이 되고 동시에 '주어와 동사가 명확'한 명쾌한 문장의 기준(1)을 충족시킬 수 있게 된다.

자, 다음 예를 살펴보자.

이 지역에서는 저임금과 장시간 근로 때문에 대부분의 병원은 스태프가 부족하다.

　A. <u>In this area, because of</u> low wages and long working hours, many hospitals are short staffed.
　　　　　　　　　　　　　　　　　　 S　　　V

　B. <u>Many hospitals are short staffed</u> in this area because
　　　　　 S　　V
　　of low wages and long working hours.

앞에서부터 다섯 단어에 밑줄을 긋고 정보량을 비교해 보자.

　A. In this area, because of
　　→ '이 지역에서는 ○○에 의해'
　　　이 지역이 뭐?

　B. Many hospitals are short staffed
　　→ '대부분의 병원은 스태프가 부족하다.'

병원의 스태프 부족은 문제다!

이번 예에서도 B에서는 주어와 동사를 포함하는 가장 중요한 정보를 앞머리에서 제시하고 있으므로 주어와 동사가 명확하다.

하나의 예를 더 들어보자.

이사회의 결정에 따라 당 사무소는 다음 달 폐쇄하기로 했다.

A. According to a decision made by the board of directors, our office will be closing down next month.
             S   V

B. Our office will be closing down next month according
  S   V
  to a decision made by the board of directors.

앞머리의 정보량을 비교해 보면 큰 차이가 있음을 알 수 있다.

A. According to a decision made   → '～의 결정에 따라'
               무슨 얘기지?

B. Our office will be closing   → '당 사무소는 폐쇄'
               아, 폐쇄한다고!

사무소를 폐쇄한다는 사실은 많은 사람에게 중대한 관심사일 것이므로 단도직입적으로 용건을 먼저 말하는 B가 더 명쾌한 문장이다.

자, 이제 확실히 알 수 있을 것이다. 모든 예문에서 A는 원문과 번역문의 순서가 일치한다. 한편, B는 단어의 순서를 반대로 뒤집어 우리말의 앞부분을 뒤로 가져갔다.

한글로 작성한 초안을 영어로 옮길 때는 가능한 한 주요 정보가 앞쪽에 위치하도록 신경 쓰자. 처음부터 잘 되지는 않더라도 밑줄 긋는 self check를 통해 자신의 영어가 명쾌한가 아닌가는 그 자리에서 판단할 수 있다. 앞머리의 정보가 적다면 어순을 바꾸는 방법을 생각해 보자. SV를 문장 앞쪽에 두는 것만으로도 요점도 확실해지고 직구로 승부하는 문장을 쓸 수 있다.

'누가 무엇을 했다' – 주인공에게 스포트라이트를

앞의 세 가지 예에서는 단어의 순서를 바꾸기만 해도 전달하고자 하는 내용이 확실해졌다. 하지만 문장에 따라서는 어순 이외에도 아이디어가 필요한 경우가 있다. 단독으로는 거의 의미를 갖지 못하는 단어(it 등) 대신에 실제 주인공을 주어로 문장을 시작하면 대부분의 경우 문장의 인상이 강해진다.

> 시스템 장애가 발생했을 경우에는 지원 센터에 전화할 필요가 있다.
> <u>It is necessary for you</u> to call the support desk when you experience a system problem. (16단어)

앞에 나오는 다섯 단어만 보고 무슨 뜻인지 알 수 있을까? '당신은 ○○가 필요'라는 식의 답답한 표현 대신 직접적으로 you라고 하는 것이 전달력이 더 좋다.

You should call the support desk when you experience a system problem. (12단어)

명령의 느낌을 강화하면 더 직접적인 문장이 된다.

Call the support desk when you experience a system problem. (10단어)

'누가 무엇을 한다'라는 메시지는 용건을 신속하게 단도직입적으로 전하고자 할 때 효과가 있다. 다음 예를 보자.

많은 부모들 사이에서 이 프로그램이 학생들의 대학 진학을 준비해 줄 거라는 기대가 있다.
There are expectations among many parents that this program will prepare students for college. (14단어)

이 문장은 비영어식 발상에서 쓴 것이라 '기대가 있다=there are expectations'로 시작하고 있다. 앞머리의 다섯 단어에 밑줄을 그어보면 이 부분의 정보량이 적다는 사실을 알 수 있다.

There are expectations among many
'많은 ○○사이에 기대가 있다'

위 문장을 더욱 직접적이고 독자에게 처음부터 풍부한 정보를 줄 수 있는 표현으로 바꾸기 위해서는 주어를 바꿔야 한다. 영어를 바꾸기가 어렵다고 느껴지면 우리말을 바꿔 보자.

많은 부모들은 이 프로그램이 학생들의 대학 진학을 준비해 줄 거라 기대하고 있다.

Many parents expect that this program will prepare
            S   V

students for college. (11단어)

Many parents expect that this

'많은 부모들은 ○○일 거라고 기대하고 있다'

앞머리의 다섯 단어에 밑줄을 그어보면 앞부분의 정보량이 많아졌다는 걸 알 수 있다.

두 가지 예시 모두 수정을 통해 다음 항목들이 개선되었다.

(1) '누가 무엇을 하다'라는 표현 → 주어와 동사가 명확
(2) 단어 수의 감소 → 최소 어휘로 최대의 효과

명쾌한 영어의 기준을 둘 다 만족하는 문장이 되었다.

지나친 강조는 역효과

다음과 같은 문장 형태를 본 적이 있는가? 여러분 가운데 혹시 it is와 that 사이에 단어를 넣으면 그 단어가 강조된다고 배운 사람이 있는지도 모르겠다.

다른 방법을 써야 한다고 제안한 것은 김씨다.
It was suggested by Mr. Kim that a different method should be used.

유감스럽지만 이렇게 짧은 문장에서는 it was라는 약한 단어로 문장을 시작하는 것이 오히려 역효과를 가져온다. Mr. Kim을 앞머리에 넣는 것이 직접적인 표현이며 강한 인상을 준다.

Mr. Kim suggested that a different method should be used.

자, 다음 예로 넘어가 보자.

이번 주말, 여자친구의 부모님을 만날 예정이다.
It is this weekend that I'm going to meet my girlfriend's parents.

이 역시 앞머리 다섯 단어의 정보량이 적기 때문에 강조는커녕 오히려 인상이 약해진다.

I'm going to meet my girlfriend's parents this weekend.

'이번 주말'을 특별히 강조하고 싶다면 this weekend를 앞으로 가져가자.

This weekend, I'm going to meet my girlfriend's parents.

이처럼 앞머리의 어구에 포함되는 정보량이나 SV의 위치를 의식하다 보면 어디를 바꿔야 더 전달력 있는 문장이 되는지 알 수 있다. 뿐만 아니라 다른 사람이 쓴 문장을 평가할 수 있는 수단도 될 수 있다.

글을 쓰는 목적은 정보를 전달하거나 읽는 이로 하여금 어떤 행동을 유발하기 위해서 등 다양하겠지만, 여기에 '이야기를 한다'는 느낌으로 글을 쓰면 더욱 설득력 있는 글이 될 수 있다. 이야기에는 주인공이 있다. 그리고 그 주인공을 가능한 한 부각시켜야 한다. 영어에서 주인공을 부각시키는 방법은 간단하다. 주인공을 될수록 빨리 등장시키면 되는 것이다. 즉, 가능한 한 문장마다 주인공(주어 subject)을 앞에 두고 그 주인공이 무엇을 하는지(동사 verb)를 설명하면 된다.

> ■ 요점 정리
>
> **self check①**
>
>   앞에서부터 다섯 단어까지 밑줄을 긋는다.
>
> **무엇에 주목해야 하는가?**
>
>   앞부분의 정보량은?
>
>   앞부분에 SV가 있는가?
>
>   요점이 앞에 나와 있는가?
>
> **교정에서 주의해야 할 점**
>
>   앞부분의 정보량을 늘린다. → 머릿속에 그림이 그려지는 문장
>
>   앞부분에서 문장의 주인공을 소개한다.
>
>   → '누가 무엇을 하는지'가 쉽게 이해된다.
>
>
>
>   주어와 동사가 명확 = 명쾌한 영어

● 보충설명

〈질문〉

    Chapter 11에서는 형식 주어 it과 강조 구문을 사용하지 않도록 권하고 있다. 하지만 이 구문은 잘못된 문장이 아니며 자주 접하게 되는 문형이

므로 영어답지 않다고 볼 수 없다. 이런 구문은 어떤 경우에 사용해야 하는가?

〈답변〉

당연한 질문이다. 형식 주어나 강조 구문은 멋진 영어 표현이며 긴 문장이나 복잡한 문장을 쓸 때는 무척이나 유용하다. 그리고 학교에서도 영어를 정확히 이해하기 위해 필요한 지식이라고 가르치고 있다. 하지만 수사법이 화려한 문장에서는 효과적이겠지만 극히 짧은 문장에서 반복적으로 사용한다면 역효과를 일으킨다. 영어에 별로 자신이 없다면 형식 주어나 강조 구문을 사용하지 않는 편이 오히려 강력한 문장이 되는 경우가 많다.

it is hoped의 용례를 살펴보자. 이 표현은 보도 기사에 자주 등장한다. 주어가 누구인지는 규정하기 어렵지만 사회 전체적으로 기대하는 상황을 묘사하기에는 적합하다. it으로 시작하는 문장은 적재적소에 사용하면 더할 나위 없이 편리하다.

> 이들 사업 덕분에 서비스 부문에 수천에 이르는 고용이 창출될 것으로 기대되고 있다.
> **It is hoped that these projects will create thousands of new jobs in the service sector.**

앞의 예에 나왔던 according to의 경우도 앞 문장과의 연결을 부드럽게 하기 위해 앞머리에 두는 편이 더 나은 경우도 있다. 다음 예에서는 첫 번째 문장의 내용을 받아 두 번째 문장의 시작을 according to로 하는 편이 더 낫다.

어떤 과학자 그룹은 지구온난화가 곡물생산에 미치는 영향을 조사하고 있다. 이 조사에 따르면 기온이 1도만 상승해도 생산량이 크게 떨어진다고 한다.

▶ **첫째 문장**: A group of scientists are studying the effect of global warming on crop production.
▶ **둘째 문장**: According to their study, even a 1℃ rise in temperature would cause production to fall greatly.

이처럼 무엇이 가장 적절한 선택인가는 상황에 따라 달라질 수 있다.

EXERCISES

1. 상품 카탈로그에 다음 문장을 넣으려고 하는데 A와 B 가운데 어떤 문장이 더 명쾌한 느낌을 줄까?

   '옵션은 고객의 요구에 맞게 선택할 수 있습니다.'

   A. It is possible for customers to select options according to their needs.

   B. Customers can select options according to their needs.

   다음 기술을 활용하여 생각해 보자.

   ① 다섯 단어까지 밑줄을 긋는다.

   ② SV에 주목한다.

   ③ 단어 수를 비교한다.

> 해설

1 다섯 번째 단어까지 밑줄을 그은 후 정보량을 비교해 본다.

   A. <u>It is possible for customers</u>

   　　　　　'고객은 ○○를 할 수 있다'

   B. <u>Customers can select options according</u>

   　　　　　'고객은 ○○에 따라 옵션을 선택할 수 있다'

2 밑줄 친 부분의 주어와 동사를 비교해 보자.

   A. <u>It is</u> possible for customers
   　　S V

   B. <u>Customers</u> can <u>select</u> options according
   　　　S　　　　V

   A에서는 정체를 알 수 없는 it이 주어이고 be동사가 그 뒤를 잇고 있다. 한편, B에서는 customers가 주어이며 select가 동사다. 이로써 구체적인 이미지를 떠올릴 수 있게 된다.

3 단어 수를 비교해 보자.

   A. 12개

   B. 8개

   위의 세 가지를 체크한 결과 명쾌한 영어라는 기준에 부합하는 것은 B임을 알 수 있다.
   (1) 주어와 동사가 명확하다.
   (2) 최소한의 어휘로 최대한의 정보를 전달한다.

coffee break 7

한영 문장 구조 비교(1)

한국어와 영어는 문장 구조상 주어와 동사의 위치가 다르다. 이 차이를 인식하고 있으면 명쾌하며 영어다운 영어를 쓰는데 도움이 된다. 다음 예를 한번 살펴보자.

한국어에서는 핵심이 되는 정보(SV)가 문장 끝에 놓이기 때문에 마지막 한 마디로 전체의 의미가 역전되는 경우가 많다.

~~이런 폭풍이 부는 날에 일부러 외출하는 사람은 없다~~.
$\qquad\qquad\qquad\qquad\qquad\qquad$ S V

이런 폭풍이 부는 날에 일부러 외출하는 사람이 있었다.
$\qquad\qquad\qquad\qquad\qquad\qquad$ S V

하지만 영어는 첫 한 마디로 부정문인지 긍정문인지 알 수 있다.

Nobody would go out in such stormy weather.
$\quad$ S $\qquad\quad$ V

Somebody dared to go out in such stormy weather.
$\quad$ S $\qquad\quad$ V

2008년 5월, 기차역에 갔더니 역사 내 TV에서 뉴스 자막이 흐르고 있었다. 자막은 오른쪽에서 왼쪽 방향으로 지나가고 있었는데, '153km 박찬호, 5이닝 연속 무실점…'이라고 화면에 나왔을 때 우리는 "우와, 대단하다."며 탄성을 질렀다. 물론 우리가 기대했던 것은 '성공'이었다. 하지만 다음 순간 '실패'라는 문구가 흘러나왔고 탄성은 실망으로 바뀌었다. 역시 우리말은 끝까지 듣지 않으면 정확한 의미를 알 수 없다는 걸 절감한 기억이 있다.

이 뉴스를 영어로 내보냈다면 주어 바로 다음에 달성하지 못했다는 의미의 failed같은 동사가 왔을 것이다. 자, 다음 뉴스를 보자. 첫 네 단어가 '박찬호 타이'였다. 이처럼 영어에서는 가장 중요한 정보인 SV가 맨 앞에 온다.

Chan Ho Park tied for the team lead in victories, while posting
      S   V
a 14-8 record.
Lee Seung-Yeop hit a game-deciding two-run homer, his 34th
      S   V
of the season.

SV를 가능한 한 앞머리 가까이에 둘 것. 이 중요성을 머릿속에 넣어두면 뉴스뿐만 아니라 모든 종류의 문장에서 명쾌한 영어를 쓸 수 있다. 영작을 할 때 우리말 순서대로 하면 SV가 문장 끝에 놓이게 되니 균형감도 없고 인상적이지도 못한 문장이 되며, 우리말 초안을 바탕으로 영문 메일이나 보고서, 에세이 등을 쓰면 우리말의 영향을 받아 앞머리에 정보량이 적은 글이 되고 만다. 밑줄을 그어 앞머리의 정보량을 비교하면 보다 강한 문장으로 교정할 수 있다.

Chapter

12

간단 self check②
– 주어와 동사에는 동그라미

이제 앞머리에 '누가', '무엇'을 했다는 정보가 와야 하는 중요성을 이해했는가? 자, 이번에 소개할 것은 영문의 주어와 동사를 의식하는 방법이다. 이를 위해서는 문장의 주어와 동사에 동그라미를 치면 된다.

명쾌한 영문은 주어와 동사가 가까이에 있으며 또한 한 문장 안에 조합된 단어의 수가 많지 않다. 거꾸로 주어와 동사가 떨어져 있거나 조합이 복잡한 문장을 쓰면 이해를 방해하고 단순한 문법적 실수를 저지르게 될 우려도 있다. 우리말에 끌려 다니면 아무래도 이런 실수를 할 가능성이 높아진다.

실수를 예방하고 주어와 동사의 위치와 수를 확인하기 위한 방법이 바로 주어와 동사에 동그라미를 치는 것이다. 이로써 내가 어떤 문장을 작성했는지가 눈에 보인다.

이제 동그라미를 치면 무엇이 보이는지 구체적인 설명으로 들어가보자.

영어의 뼈대는 주어와 동사

　영어의 기본은 주어(subject)와 동사(verb)다. SV는 문장의 기본 골격이며 무엇이 S이고 무엇이 V인지 쉽게 찾을 수 있을 때 그 문장은 명쾌해진다. 하지만 SV의 거리가 멀거나 문법적인 실수가 있으면 그 문장은 갑자기 어려워지고 만다. 그러므로 문장에서 가장 중요한 요소가 SV임을 의식할 때 비로소 명쾌한 영어로 향한 길이 열린다.
　SV를 문장의 다른 요소로부터 분리하기 위해 내가 쓰고 있는 문장의 주어(S)와 동사(V)에 동그라미를 쳐보자. 동그라미 친 단어를 유심히 보면 많은 것들이 보일 것이다. 자, 서둘러 다음 단계로 넘어가자.

주목: 주어와 동사의 활용은 옳은가?

　영어에서는 주어의 인칭, 혹은 단수냐 복수냐에 따라 동사의 형태가 달라진다(동사의 활용). 주어와 적절한 형태의 동사 간의 조합은 올바른 문장을 쓰기 위한 기본 중의 기본이다. 그럼에도 불구하고 영작에 익숙한 사람들도 활용에 관한 실수를 자주 저지르는데 이는 문장 전체의 이미지를 상당히 나쁘게 만든다. 주어와 동사에 동그라미를 치면 두 개의 단어에 집중하게 되므로 이러한 실수를 방지할 수 있게 된다. '주어와 동사가 명확'한 문장을 쓰기 위해 일단 문법적인 실수를 없애도록 노력하자. 자, 그럼 몇 가지 예를 들어보도록 하자.

▶ 자동차 업계에는 파견근로자가 많다.

The automobile (industry) (have) a large number of temp
　　　　　　　　　　S　　　　　V

workers.

＊실수 발견: industry는 단수이므로 동사는 has!

⬇

☺ The automobile industry has a large number of temp workers.

▶ 브라질에서는 식품 공급이 수요를 웃돌고 있다.

Food (supply) (exceed) demand in Brazil.
　　　　S　　　　V

＊실수 발견: 추상명사의 경우 -s 붙이는 것을 잊기 쉽다. 동사는 exceeds!

⬇

☺ Food supply exceeds demand in Brazil.

▶ 그 예술가는 시대를 뛰어넘는 인물이었다고 말하는 사람이 있다.

Some (people) (says) that the artist was ahead of her time.
　　　　S　　　　V

＊실수 발견: people은 복수이므로 -s가 필요 없다. 동사는 say!

⬇

☺ Some people say that the artist was ahead of her time.

다음과 같이 문장 안에서 주어와 동사 관계에 있는 단어를 모두 체크하면 효과적이다. 특히, 관계대명사 that이나 which를 사용할 때 사소한 실수를 저지르기 쉽다.

▶ 우리는 글로벌 기준을 충족하는 시스템을 정비해야 한다.
(We) must (establish) a (system) that (meet) global
  S   V   (S)   (V)
standards.

*실수 발견: system은 단수이므로 동사는 meets!

⬇

☺ We must establish a system that meets global standards.

동그라미를 꼭 종이 위에 그릴 필요는 없다. 머릿속으로 그려도 상관 없다. 특히 여기에서 들고 있는 예문은 짧기 때문에 머릿속으로 동그라미를 그리는(즉, SV에 주의 집중)것 만으로 활용 실수를 발견할 수 있다. 하지만 더 긴 문장이나 기술에 익숙해지기까지는 실제로 동그라미를 쳐 보라고 권하고 싶다.

SV에 동그라미를 쳐서 얻는 이점은 활용 실수를 발견하는 것 말고도 더 중요한 것, 즉 명쾌한 영어를 쓰는 데 필수불가결한 포인트를 발견할 수 있다는 점이다.

주목: 주어와 동사의 거리는?

　명쾌한 문장의 기준 (1)은 '주어와 동사가 명확하다.'이다. 너무 단순한 것 아니냐고 할지도 모르지만 주어와 동사의 위치가 가까우면 가까울수록 SV의 관계는 더욱 명확해진다. SV에 동그라미를 치면 얼만큼 가까운지 또는 떨어져 있는지가 일목요연해진다.
　간단한 예를 들어보자.

● SV를 근거리에 놓기 위한 방법 1: 우리말을 고쳐라
　그림 1에는 키보드 기능 버튼에 대한 레이아웃이 표시되어 있다.

　　　　　　　　　　　　　주어　　　동사
In Figure 1, the (layout) of the function buttons on the
　　　　　　　　　　　　　　　　　S
keyboard (is) shown. (14단어)
　　　　　　　V

　이 문장은 14개의 단어로 구성되어 있다. 주어(S)와 동사(V)에 동그라미를 쳐보면 그 사이에 전체 단어 개수의 절반인 7개가 들어있음을 알 수 있다. 조금 먼 거리다. 어떻게 하면 S와 V를 가까이에 놓을 수 있을까?
　대부분의 경우, 주어를 바꿈으로써 S와 V의 거리를 좁힐 수 있다. 영어로 생각하기가 어렵다면 원문인 우리말을 바꿔보자.

　그림 1은 키보드의 기능 버튼의 레이아웃을 표시하고 있다.
　　주어　　　　　　　　　　　　　　　　동사

Figure 1 shows the layout of the function buttons on
  S   V
the keyboard. (12단어)

'그림 1'을 주어 자리에 놓으면 전체적으로 균형 잡힌 문장이 된다. 자, 다음 예로 넘어가 보자.

당 점포에서는 인터넷을 활용한 판매 관리 시스템의 시범운용이 시작되었다.
In our store, trial operations of the sales management
                        S
system using the Internet have been started. (16단어)
                         V

S와 V 사이가 8단어 만큼이나 떨어져 있다. 이 문장도 원문인 우리말을 수동에서 능동태로 바꾸면 SV의 위치를 가깝게 할 수 있다.

당 점포는 인터넷을 활용한 판매 관리 시스템의 시범 운용을 시작했다.
This store has begun trial operations of the sales
      S   V
management system using the Internet. (14단어)

수정 후의 문장은 '누가 무엇을 했다'라는 관계를 분명히 보여주고 있다는 점에서 한층 영어다운 표현이라 할 수 있겠다.

- SV를 근거리에 놓기 위한 방법 2: 명사 속에 숨어있는 동사를 발견하라

회원이 제출한 논문에 대한 평가는 위원회에서 이루어진다.

The (evaluation) of papers submitted by the members will
　　　　S

(be made) by the committee. (14단어)
　V

짧은 문장임에도 S와 V 사이의 단어가 7개나 된다. 어떻게 하면 이 간격을 줄일 수 있을까? 이번에는 영문만 가지고 고쳐보자.

힌트는 명사 속에 숨어있는 동사를 찾는 것이다. 이 문장에서는 주어인 명사 '평가=evaluation' 안에 '평가하다=evaluate'라는 동사가 숨어있다. 이 숨어있는 동사 evaluate를 이용해 문장을 고칠 수 있지 않을까?

(Papers) submitted by the members will (be evaluated)
　S　　　　　　　　　　　　　　　　　　　　　　V

by the committee. (11단어)

주어가 paper로 바뀌면서 S와 V 사이의 단어는 5개로 줄었다. 여기까지 고치고 나면 다음 가능성까지 예상하는 사람도 있을 것이다. committee를 주어 자리에 놓으면 어떤 문장이 될까?

The (committee) will (evaluate) papers submitted by the
　　　S　　　　　　　V

members. (9단어)

SV가 바로 이웃하는 문장이 되었다. SV에 동그라미를 치고 그 관계에 주목하면서 문장을 고쳐나가니 '누가 무엇을 하다'라는 문장의 취지가 점점 명확해지면서 어휘도 감소했다. 명쾌한 영어의 열쇠는 주어와 동사에 있다.

수정을 통해 다음의 두 가지 사항이 향상됐다.

(1) SV의 거리 축소 → 주어와 동사가 명확
(2) 단어 수의 감소 → 최소 어휘로 최대 효과

주목: 주어+동사는 몇 개?

지금까지 SV 사이의 거리가 떨어져 있는 문장들을 살펴봤다. 이번에는 SV가 여러 개 있어서 복잡한 문장에 대해 생각해 보자.

최근에는 여가를 이용해 스포츠를 하는 사람의 수가 늘고 있다.
Nowadays, the (number) of (people) <who (do) sports in
　　　　　　　　　S　　　　(S)　　　　　(V)
their free time> (are) increasing.
　　　　　　　　 V

여기서는 파란 동그라미 안의 글씨가 문장 전체의 주어 S와 동사 V를 나타낸다. 검은 동그라미는 관계대명사 who 절에서 사용되는 서브 주어 (S)와 동사(V)다.

우선 주어와 동사의 활용을 체크해 보면 다음과 같이 고쳐야 한다.

number (S) + are (V) → ☺ number (S) + is (V)
3인칭 단수

동사의 활용 실수가 생긴 원인은 주어와 동사가 멀리 떨어져 있기 때문이다. 주어 number 다음에 people과 sports같은 복수형 명사가 나오면 순간적으로 헷갈려서 be동사는 are이라고 생각하게 되는 것이다. 자, 이제 제대로 고쳐보자.

☺ Nowadays, the (number) of (people) <who (do) sports in
                       S   (S)   (V)
their free time> (is) increasing.
                    V

이번에는 파란 동그라미의 위치에 주목해 주기 바란다. 문장의 메인 주어와 동사는 거리적으로 가까운가, 아니면 먼가? 거리는 멀고 둘 사이에는 9개의 단어가 들어 있다. 이렇게 주어와 동사가 떨어져 있으니 자칫 동사 활용을 실수하기도 쉽다. 뿐만 아니라 메인 SV 사이에 people(S)과 do(V)라는 주어와 동사가 포개져 있다. 이런 복잡한 구조의 단어 관계를 따라가는 사이 처음에 놓인 주어에 대한 인상이 흐려져 간다. S와 V의 관계가 복잡한 문장은 읽기 어려우며 머릿속에 쏙 들어오지도 않는다.

● SV를 근거리에 놓기 위한 방법 3: S와 V의 조합을 줄여라

지금부터가 스스로의 힘으로 더 나은 영어로 변화시킬 수 있는 과정이다. self check를 통해 SV가 여러 개 있고 중심 SV가 떨어져 있는 문장을 썼다는 걸 알았다면 제대로 고쳐보자.

최근에는 여가를 이용해 스포츠를 하는 사람의 <u>수가</u> <u>늘고 있다</u>.
주어　　동사

Nowadays, the number of people <who do sports in their
　　　　　　　S　　　　　(S)　　　　(V)
free time> is increasing.
　　　　　　V

이 문장이 초반부터 읽기 어렵게 느껴지는 이유는 우리 식으로 썼기 때문이다. '사람의 수가 늘고 있다'라는 원어에 이끌려 영어로도 the number of people을 주어 자리에 놓았기 때문에 is increasing과의 사이가 벌어지고 만 것이다.

지금까지 여러 번 강조했지만 가장 간단하고도 알기 쉬운 문장을 쓰는 요령은 우리말로 바꿔보는 것이다. 그렇다면 이 문장은 어떻게 바꿔볼 수 있을까? '스포츠를 하는 사람들의 수가 늘다'는 '더 많은 사람들이 스포츠를 한다'와 같으므로 원문을 다음과 같이 바꿔보자.

최근에는 여가를 이용해 스포츠를 하는 사람의 수가 늘고 있다.
Nowadays, more (people) (do) sports in their free time.
　　　　　　　　　　S　　　　V

결과를 보자. 주어(S)와 동사(V)는 서로 이웃하고 있다. 게다가 첫 문장에서는 주어와 동사 관계가 2개 존재하는 S⟨S+V⟩V의 구조였으나, S+V 관계가 1개인 심플한 구조로 바뀌었다. S와 V를 어떻게 하면 가까이에 둘 수 있을까를 연구하는 과정에서 단어 수도 14개에서 9개로 줄었다. 하지만 문장이 전하는 정보량은 그대로다.

두 문장을 나란히 놓고 비교해 보자. 어느 글이 더 읽기 쉬운가?

Nowadays, the number of people who do sports in their free time is increasing. (14단어)

Nowadays, more people do sports in their free time.
(9단어)

그리고 수정한 문장은 명쾌한 영어의 기준을 모두 만족시키고 있다는 사실을 알 수 있다.

(1) 주어와 동사가 명확하다.
(2) 최소한의 어휘로 최대한의 정보를 전달한다.

SV의 조합이 줄면 대부분의 경우, 훨씬 읽기 쉬워진다. 그리고 심플한 문장은 쓰기도 쉽다.

다른 예를 들어보자.

최상층 객실에는 바다를 조망할 수 있는 발코니가 있다.

The top-floor room has a balcony from which you
　　　　　　　　S　　　V　　　　　　　　　　　(S)
can view sea.
　　　(V)

　이 문장에서는 room과 has가 메인 SV 관계에 있으나 관계대명사 which 뒤에도 you와 view라는 서브 SV 관계가 있다. from which를 사용함으로써 문장이 어려워진 것이다. with를 사용해 고쳐보면 단순하고 읽기 쉬운 문장이 된다.

The top-floor room has a balcony with a view of
　　　　　　　　S　　　V
Yeongil Bay.

　우리말에서는 '바다를 조망할 수 있는'이라는 표현은 '사람이 바라볼 수 있다'는 것을 암시한다. 때문에 영작을 하면 일반적으로 you can view나 we can view와 같은 발상을 하게 된다. 하지만 영어에서는 방이나 장소에 with a view of가 붙는 것 만으로 '사람이 바라볼 수 있다'는 표현이 되므로 수정 후의 문장은 간결할 뿐만 아니라 자연스럽고 영어다운 영어로 탈바꿈하게 된다.

관계대명사를 빼라 – 문장 구조가 단순해진다

관계대명사를 삭제한다고 해서 정보량이 줄어드는 것도 아니고 의미가 변하는 것도 아니기 때문에 삭제해도 상관없다. SV의 조합이 줄어 문장이 한결 읽기 쉬워지고 물론 단어 수도 줄어든다. 자, 그 예를 한번 살펴보자.

저 나무 아래 서 있는 여자아이를 압니까?
Do you know the girl who is standing under the tree?
     S   V   (S) (V)

없어도 의미는 똑같다.
⬇

Do you know the girl standing under the tree?
     S   V

이것이 건물의 구조를 파악하는데 유일하게 유효한 기법이었다.
This was the only technique that was available for
  S   V   (S) (V)
examining the building structure.

없어도 의미는 똑같다.
⬇

This was the only technique available for examining the building structure.

이 냉장고의 또 다른 장점은 온도 조절 다이얼이다.

Another feature of this refrigerator is that it has a
      S   V (S) (V)
temperature control dial.   없어도 의미는 똑같다.

Another feature of this refrigerator is a temperature
      S   V

control dial.

 지금까지의 설명에서는 주로 관계대명사를 줄이거나 삭제하는 방법을 예로 들었다. 그렇다고 해서 이 책이 관계대명사를 악역 취급하는 것은 아니다. 관계대명사는 명사의 의미를 상세히 설명하는 데 있어 꼭 필요한 존재이며 또한 문장을 세련되게 만들어주는 역할도 한다. 하지만 제거해도 의미에 변함이 없는 경우, 혹은 관계대명사 때문에 문장의 머리가 너무 커져있을 때는 그 필요성을 따져볼 필요가 있다.

 self check①에서는 처음부터 5개 단어까지 밑줄을 그음으로써 앞부분의 정보량에 주목하고 문장의 주인공을 빨리 등장시키도록 수정했다. 이는 문장 하나를 쓰더라도 '요건 먼저'라는 영어의 기본적인 커뮤니케이션 스타일을 의식하는 방법이다. self check②에서는 주어와 동사에 주목했다. 주어와 동사는 문장에서 의미의 핵심을 담당하는 요소다. SV가 문장 앞부분에 놓여 있을 뿐만 아니라 위치적으로 가깝고 또 이해하기 쉬운 구조라면 요건이 명확히 전달되면서 쉬운 문장이 된다. 이처럼 이 문장이 평이한가, 명쾌한가는 영문의 골격인 주어와 동사에 초점을 맞춤으로써 판단할 수 있다.

■ 요점 정리

self check②

　　주어(S)와 동사(V)에 동그라미를 친다.

무엇에 주목해야 하는가?

　　동사의 활용이 틀리지는 않았나?

　　SV의 간격이 얼마나 떨어져 있나?

　　SV의 조합이 몇 개인가?

교정에서 주의해야 할 점

　　SV를 근거리에 둔다. → 읽기 쉽다.

　　SV의 조합을 줄인다. → 이해하기 쉽다.

주어와 동사가 명확 = 명쾌한 영어

EXERCISES

1. 다음 문장에는 S와 V 사이에 단어가 9개 들어있다. 밑줄 부분을 다른 곳으로 옮기면 SV가 가까워지는데 과연 어디로 옮기면 좋을까?

레스토랑 업계에서는 정사원과 시간제 근로자 간의 임금 격차가 심화되고 있다.

The wage gap between full-time and part-time workers
　　　　　S

in the restaurant industry is widening.
　　　　　　　　　　　　　　V

2. 다음 문장에는 S+V 조합이 두 개 들어있다.

이 책은 수학에 관한 기본적인 지식이 있는 독자를 대상으로 하고 있다.

This book targets readers who have a basic knowledge
　　　S　　　V　　　　　　(S)　(V)

of mathematics.

밑줄 친 who have를 전치사로 바꿈으로써 S+V의 조합이 1개인 문장으로 바꿀 수 있다. 어떤 전치사를 사용하면 될까?

231

> 해설

1 다음과 같이 옮기면 더 쉬운 문장이 된다.

The wage gap between full-time and part-time workers
　　　　　S

is widening in the restaurant industry.
　　V

혹은

The wage gap is widening between full-time and
　　　　　S　　V

part-time workers in the restaurant industry.

2 관계대명사와 have의 조합(여기서는 who have)은 대부분의 경우, 전치사 with로 바꿀 수 있다.

This book targets readers with a basic knowledge of mathematics.

who have 자리에 with를 바꿔 넣으면 S+V의 문장 구조가 간단해지고 단어의 수도 적어진다.

 coffee break 8

한영 문장 구조 비교(2)

우리말에는 어떤 단어를 수식하는 단어, 즉 수식어가 단어 앞에 놓이는 특징이 있다. 반대로 영어에서는 어떤 단어를 수식하는 글이 긴 경우, 그 단어 뒤에 놓이는 경향이 있다. 이런 구조적인 차이 때문에 우리말 초안을 바탕으로 영어를 쓰거나 또는 우리말 원고를 영어로 번역하면 주어와 동사의 거리가 멀어져 상당히 난해한 문장이 되기도 한다.

업무, 공부, 여가로 바쁜 현대인의 불균형한 식단을 보충하기 위한 영양보조식품의 판매 가 증가하고 있다 .
　　　　　　　　　　주어　　　　　　동사

〈난해한 영작〉

Sales of nutritional supplements designed to compensate for
　S

the unbalanced diet of modern people busy with work, study,

and leisure activities are increasing.
　　　　　　　　　　V

우리말 원문은 한 번 읽고도 쉽게 이해가 되며, '매출이 증가하고 있다'라는 요점은 문장 맨 마지막 부분에 놓여있다. 하지만 원문을 그대로 영어로 옮기면 뭐가 뭔지 알 수 없는 문장이 되고 만다. 여러분은 영어 문장을 읽고 의미를 금방 파악할 수 있었는가? 주어와 동사 사이에 무려 20개나 되는 단어가 들어 있기 때문에 읽는 도중에 핵심 주어가 무엇이었는지 잊게 된다. 이는 주어와 동사가 명확하지 않은 대표적인 문장이다.

자, 그럼 왜 이런 문장이 됐는지 분석해 보자. 우리말과 영어의 수식어 위치에 주목해 주기 바란다.

업무, 공부, 여가로 바쁜   현대인

modern people   busy with work, study, and leisure activities

불균형한 식단을 보충하기 위한   영양보조식품

nutritional supplements   designed to compensate for the unbalanced diet

자세한 설명이 우리말에서는 앞에 오고 영어에서는 뒤에 놓인다. 이런 구조적 차이 때문에 우리말 구조를 그대로 영어에 적용하면 SV가 멀리 떨어져 난해한 문장이 되고 만다.

주어와 동사에 동그라미를 치면 SV가 떨어져 있다는 문제점이 확실히 보인다. 그럼, 어떻게 바꾸면 좋을까? '판매가 늘고 있다'라는 가장 중요한 부분을 앞머리에 넣고 SV를 붙여 앞쪽에 두는 방법을 생각해 볼 수 있겠다.

〈난해한 영작〉

(Sales) of nutritional supplements designed to compensate for
  S

the unbalanced diet of modern people busy with work, study,
상세한 설명

and leisure activities (are) increasing.
                   V

〈주어와 동사가 명확 = 명쾌한 영어〉

(Sales) (are) increasing for nutritional supplements designed
  S   V

to compensate for the unbalanced diet of modern people busy
상세한 설명

with work, study, and leisure activities.

이런 우리말과 영어의 수식 구조의 차이를 인식하고 있으면 관계대명사를 주어에 붙였을 경우 SV의 거리가 왜 멀어지게 되는지도 쉽게 알 수 있다.

Chapter
13

간단 self check ③
- 단어 개수 세기

   드디어 마지막 기술을 소개할 순서가 되었다. 마지막 기술 역시 아주 간단하여 자기가 몇 단어나 썼는지 개수만 세면 된다.

   아마 의외라고 생각하는 사람도 있을지 모르겠지만 전달하는 정보의 양과 질이 다르지 않다면 어휘가 적을수록 명쾌한 문장이 된다. 즉, 최소한의 어휘로 최대한의 정보를 전달하는 것이 포인트인 셈이다. 또한 문장이 짧으면 그만큼 문법적인 실수도 적어진다고 볼 수 있다.

   자, 어떻게 하면 적은 어휘로 많은 정보를 전달할 수 있을까? 그 중 하나는 같은 단어라면 가능한 한 구체적인 단어를 고르는 방법이다. 또 강한 동사를 선택하면 문장에 긴장감이 더해진다.

   쓸데없이 긴 문장을 짧게 줄이면 극적인 효과가 발생한다. 지금부터 몇몇 예를 통해 그 효과를 느껴보기 바란다.

명쾌한 문장은 단어 수가 적다

지금까지 소개한 '앞부분 다섯 단어까지 밑줄 긋기'와 '주어와 동사에 동그라미 치기'라는 두 가지 기술은 '주어와 동사가 명확한' 명쾌한 문장의 기준을 판단하는 것이었다. 여기서 설명하는 세 번째 기술, '어휘 세기'는 명쾌한 영어의 기준인 '최소한의 어휘로 최대한의 정보를 전달한다'와 깊은 관련이 있다.

다음 문장을 읽고 난 후 어떤 느낌이 드는가?

The speaker delivered his speech in a very lengthy manner, and the content was not interesting enough, so that the audience had to try very hard to fight back sleepiness and maintain wakefulness. (33단어)
(그 강연자는 상당히 긴 연설을 했으며 흥미를 끌 만한 내용이 아니었기 때문에 청중은 졸음과 싸워가며 눈을 뜨고 있어야 해서 정말 힘들었다.)

어떤 강연자의 연설이 길고 지루해서 청중은 필사적으로 졸음을 참고 있었다는 내용인데 이 문장 자체가 길고 지루하다. 그런데 내용은 같으면서도 훨씬 생동감 있는 글로 바꿀 수 있다.

The speaker gave such a long, boring speech that the audience almost fell asleep. (14단어)
(강연자의 연설이 길고 지루했기 때문에 청중은 거의 졸 뻔했다.)

전달하는 정보의 양과 질이 같다면 어휘가 적은 쪽이 더 명쾌하다. 내 영어, 남의 영어를 판단하는 기준으로 어휘 수를 세어보기 바란다. 일일이 세기 귀찮다면 눈으로 길이만 비교해 봐도 좋다. 판단 기준은 간단명료, 즉 내용이 아주 똑같다면 짧은 게 좋은 문장이다. 요령은 이거 하나다.

한 가지 더 알아두어야 할 것은 영어 문장의 평균 어휘 수다. 영어 한 문장의 길이는 평균 15~20개의 단어로 이루어져 있다고 한다. 독자들은 이 길이에 익숙해져 있기 때문에 한 문장이 30단어를 넘지 않도록 해야 한다. 지나치게 길면 읽기 어려울 수도 있으므로 교정할 때는 문장을 둘로 쪼갤 수는 없는지, 불필요한 단어를 삭제할 수는 없는지 주의 깊게 살펴보자.

같은 내용, 짧은 문장

정보의 내용이 같으면서 길고 짧은 두 개의 문장을 읽고 비교해 보자. 어느 쪽이 더 쉽게 이해되는가?

우리 팀은 당장 이 프로젝트에서 손을 떼야 한다고 생각한다.
A. I am of the opinion that it is necessary for our team to stop taking part in the project straight away.   (21단어)
B. I think our team should quit the project immediately.
(9단어)

문장의 어휘를 비교해 보면 A는 21개, B는 9개다. 차이는 같은 내용의 정보를 전달하면서 몇 개의 단어를 사용하는가 하는 점이다.

A	B
I am of the opinion that	I think
it is necessary for our team	our team should
to stop taking part in the project	quit the project
straight away	immediately

두 문장의 정보량은 같다. 하지만 어휘가 절반 이하인 B는 불필요한 단어가 없기 때문에 오히려 문장이 명쾌하다. A는 단어가 중복되는 바람에 오히려 의미가 약해진다. 또한 I am of the opinion that이라는 표현은 '제 견해를 말씀드리면'이라는 정중한 느낌을 준다. 외운 것이 아깝다고 구어체 문장에 이런 딱딱한 관용구를 넣으면 다른 문장과 조화를 이루지 못한다. 읽기에도 즐겁고 쓰기에도 즐거운 표현을 익히자.

이전에 번역을 공부하는 독자로부터 이런 질문을 받은 적이 있었다.

"아래 문장을 번역하면서 두 가지 방법으로 시도했다. 하이픈으로 형용사를 만들어 짧게 번역하는 방법과 관계대명사를 사용해 자세히 설명하는 방법 중 어느 쪽이 더 나을까? 짧은 문장은 억지로 단어를 이어 붙인 듯한 느낌도 든다."

머리카락 정도 굵기의 유리로 만든 섬유

A. Fiber made of glass that has the same width as a hair

(12단어)

B. Hair-thin glass fiber   (3단어)

A의 단어 수는 B의 4배다. 그렇다면 정보량도 4배일까?

A	B
fiber made of glass	glass fiber
that has the same width as a hair	hair-thin

각각 같은 의미를 전달하는 단어를 표로 나타내보니 정보량에는 차이가 없다. 따라서 '최소의 어휘로 최대의 정보'를 전달하고 있는 B가 더 좋은 선택이라는 걸 알 수 있다. B에는 문법적인 실수를 줄일 수 있다는 장점도 있다. 문장을 길게 에둘러 표현하면 우리의 약점인 전치사나 관사에 관한 실수의 기회 역시 많아지기 때문이다.

하이픈을 사용해 문장을 짧게 만들었을 때는 억지로 단어를 이어 붙인 건지 아닌지 Google 검색으로 확인해 볼 수 있다.

  "hair-thin glass fiber"   7,490개
  "hair-thin fiber"   21,600개 (2010.09.01 기준)

결과가 이 정도라면 안심할 수 있다. 이처럼 내가 만든 문장이 불안할 때는 몇 초만 시간을 내서 검색해 보자. 단 몇 초로 만전을 기할 수 있다.

물론 '머리카락 정도 굵기의 유리로 만든 섬유'를 다른 식으로도 영작할 수 있다.

glass fiber as thin as a human hair　　(8단어)

이 번역은 '머리카락'이 사람의 것임을 명시할 필요가 있을 때는 효과적이다. hair-thin fiber의 단어 수가 3개인데 비해 이 문장은 8개나 된다. 하지만 두 번째 문장에는 human이라는 단어가 포함되어 있기 때문에 단순히 단어의 개수만 가지고는 우열을 비교할 수는 없다.

더 구체적인 단어

최소의 어휘로 최대의 정보를 전달하고자 한다면 더 많은 의미가 포함되어 있는 단어를 선택하는 것이 지름길이다. 예를 몇 가지 들어보자.

부엌에서 벌레를 봤다.
I saw a bug in the kitchen.
　　　막연
　　　↓
I saw a cockroach in the kitchen.
　　　더 구체적(바퀴벌레)

bug와 cockroach의 인상이 많이 다르다는 것은 말할 필요도 없을 것이다.

나쁜 것을 선별하는 공정을 확립해야 한다.
We should establish a process to sort out bad things.

막연
↓

We should establish a process to sort out defective products.　　　더 구체적(결함이 있는 제품)

공장에서 만들어진 나쁜 제품을 선별하는 공정에 관한 얘기라면 '나쁜 것'은 '나쁜 제품=불량품'일 것이다. bad는 나쁜 모든 것에 사용할 수 있지만 defective는 '제품 등에 결함이 있는'이라는 뜻의 형용사이므로 의미를 축소할 수 있다. 또한 things는 그 대상이 광범위해서 너무 막연하다. products가 한결 구체적인 단어다.

음료 업계는 저 설탕 함유 쪽으로 움직이고 있다.
The beverage industry is moving in the direction of low sugar things.

막연
↓

The beverage industry is moving in the direction of low sugar products.
　　더 구체적(제품)

설탕을 적게 함유한 것은 분명 제품이므로 막연한 things가 아닌 더 구체적인 products를 사용해야 한다.

강한 동사, 강한 문장

다음 문장에 대해 생각해보자. 여러분이라면 영어로 어떻게 표현하겠는가?

쇼크를 받았기 때문에 그는 아무 말도 하지 못했다.

이 우리말을 영어로 옮기라고 해보면 사람마다 참으로 다양한 표현을 내놓는다. 우리말에 기초한 번역문이라면 10개 정도의 단어를 사용하는 문장이 많다.

Because he received a shock, he couldn't say a word.
(10단어)
He was so shocked that he couldn't say anything.
(9단어)

우리말 원문에서는 이런 발상을 하기 어렵겠지만 발상을 전환해서 쇼크(shock)를 주어 자리에 두면 다음과 같은 문장이 된다.

The shock made him speechless.   (5단어)
The shock made him silent.   (5단어)

최소한의 어휘를 사용한 문장은 바로 이것이다.

The shock silenced him. (4단어)

단 4개의 단어로 구성된 이 문장은 선명하고 강렬한 인상을 준다. 추리소설이나 스릴러물에서 주인공이 악 소리도 못 낼 정도로 충격을 받은 장면을 묘사하려면 어휘가 적은 편이 더 효과적이다. 만약 단어를 10개나 사용한다면 눈으로 단어를 좇는 사이 주인공이 받은 충격은 점점 희미해져 갈 것이다.

정보량을 줄이지 않으면서 어휘를 줄일 수 있는 열쇠는 대개 강력한 동사를 사용하는 것이다. 수동의 형태를 취하는 be동사는 일반적으로 '약한 동사'로 인식되어 있고, 또 다른 동사와 결합하지 않으면 의미를 만들어내지 못하는 make같은 동사도 약한 동사다.

약한 동사를 강한 동사로 바꿈으로써 어휘가 줄면서 인상이 강해지는 예를 들어보자.

그 회사는 제품 가격 인상을 결정했다.
The company made a decision to raise the prices of their products. (12단어)
↓
The company decided to raise the prices of their products. (10단어)

이 문장에서 make는 decision과 결합하면서 비로소 구체적인 의미를 갖는 약한 동사다. 명사 decision 안에 숨어 있는 동사를 활용해 보자.

월급이 두 배가 되었다.

My salary is twice as high as it used to be.　　(11단어)

↓

My salary has doubled.　　(4단어)

'두 배'에서 동사 double이 연상된다면 double을 사용하자. 짧은 문장이 기쁨을 더 생생하게 전달한다.

정보량이 같다면 3단어 보다는 2단어, 2단어 보다는 1단어로 전하는 게 더 효과적이라는 뜻이다. 그리고 같은 1단어라면 정보량이 더 많은 동사를 선택해야 한다.

손잡이 위의 슬롯에 카드 키를 꽂아주세요.

Set the card key in the slot above the doorknob.

↓

Insert the card key into the slot above the doorknob.
더 구체적(삽입하다)

최근에는 객실 열쇠가 카드로 되어있는 호텔들이 있다. 위 문장은 객실로 들어갈 때를 설명한 것인데 광범위한 의미의 set 보다는 좁고 긴 슬롯에 카드 키를 꽂는 동작을 더욱 구체적으로 설명하는 동사 insert가 이용자에게는 더 친절하게 느껴질 것이다. 또한 in은 '~의 안'이라는 장소적 이미지가 있는 전치사인데, into로 바꿔주면 '~의 안으로'라는 '장소+방향'의 동작의 이미지를 연상시킨다.

온도는 20℃가 되었다.

The temperature reached 20℃.

↓

The temperature rose to 20℃.

　　　　더 구체적(올라서 20℃가 됨)

The temperature dropped to 20℃.

　　　　더 구체적(내려가서 20℃가 됨)

　reach에는 '도달했다'라는 정보밖에 없다. 온도가 올라갔을 때는 rise를 쓰고 내려갔을 때는 drop, fall을 쓰면 정보량이 증가한다(이 경우에는 한 단어가 늘기는 했지만 역시 구체적인 단어를 쓰자).

뭔가 이상한 부분은 없는지 어떤지, 문서를 체크해 주십시오.

Please check the document for anything that seems odd.

↓

Please correct anything that seems odd.

　　더 구체적(정정하다)

　우리말로 '체크해 주십시오.'라고 할 때는 빨간 펜으로 틀린 곳을 정정해 주는 것까지 기대할 수 있겠지만, 영어의 check는 광의의 단어이므로 네이티브에게 please check라고 의뢰하면 틀린 부분에 ∨표시만 해서 돌려보낼지도 모른다. 따라서 correct라는 단어를 쓰면 사전에 오해를 막을 수 있다.

'작은 고추가 맵다'는 말이 있다. 영작을 할 때 후보 단어가 많아 선택이 망설여질 때는 작은 고추처럼 '한 단어 속에 야무진' 의미가 함축되어 있는 단어를 선택하기 바란다.

> ■ 요점 정리
>
> self check③
>
> 　단어 수를 센다
>
> 무엇에 주목할까?
>
> 　같은 정보량?　→　그렇다면 짧은 단어 선택
>
>
>
> 　　최소의 어휘로 최대의 정보를 전달 = 명쾌한 영어

PART 4에서는 커뮤니케이션의 도구로서 영어의 힘을 최대한 이끌어 낼 수 있는 기술을 소개했다. 네트워크로 연결된 전 세계인에게 명쾌한 영어로 정보를 발신해 보자.

EXERCISES

다음 문장에서 정보량은 그대로 두고 어휘만 줄일 수 있을까?

1. 그는 부산에 5년 동안 살고 있다.

He lived in Busan for a period of five years.　　　(10단어)

2. 유리로 된 두꺼운 판이 책상 위에 놓여 있다.

A thick plate which is made of glass has been placed on the surface of the table.　　　(17단어)

해설

1 그는 부산에 5년 동안 살고 있다.
He lived in Busan for a period of five years. (10단어)
a period of는 중복되는 말이므로 생략해도 의미는 같음.
→ He lived in Busan for five years. (7단어)

2 유리로 된 두꺼운 판이 책상 위에 놓여 있다.
A thick plate which is made of glass has been placed on the surface of the table. (17단어)

which is를 생략해도 의미는 같음. 또한 on the table이 '책상 위에'라는 뜻이므로 the surface of는 없어도 된다.
→ A thick plate made of glass has been placed on the table.
(12단어)

A thick plate made of glass는 a thick glass plate와 같은 뜻.
→ A thick glass plate has been placed on the table. (10단어)

has been placed '놓여 있다'는 '있다'이므로 is와 같다.
→ A thick glass plate is on the table. (8단어)

결국 처음 문장의 절반 이하 어휘로도 충분했다.

 coffee break 9

묘사력과 '강한 동사'의 관계

좀 더 상세한 묘사를 통해 표현을 풍부하게 하고 싶을 때 우리는 부사나 형용사 같은 수식어를 덧붙이는 경향이 있다. 반대로 영어에서는 협의의 단어를 엄선하면 문장의 인상이 강해지는 특징이 있다. 특히 강한 동사는 문장을 응집시키는 역할을 하는데 표현하고 싶은 것에 레이저 광선을 쏘아 그 윤곽이 선명히 드러나게 하는 묘사력이 있다.

그렇다면 어떤 동사가 '강한 동사'일까?

"멈춰."라고 그는 큰 소리로 말했다.

우리말을 그대로 반영하여 영어로 번역하면 다음과 같은 문장이 된다.

He said "stop" in a loud voice.   (7단어)

여기서 say in a loud voice를 shout로 바꾸어 보자.

He shouted, "stop."   (3단어)

독자들 머릿속에 더 선명한 그림을 그려주는 것은 짧은 문장이다. 일반적으로 광의의 동사 say에 in a loud voice라는 설명을 덧붙이는 것 보다 say something in a loud voice를 한마디로 표현하는 shout를 사용하는 편이 묘사력이 강해진다. 만약 yell이라는 동사로 바꾸면 어떻게 될까?

He yelled, "Stop."

우선, yell의 의미를 Cambridge Advanced Learner's Dictionary에서 확인해 보자.

yell

to shout something or make a loud noise, usually when you are angry, in pain or excited

(일반적으로 화가 났을 때, 아플 때, 혹은 흥분해서 뭔가를 큰 소리로 외치거나 큰 소리를 지르는 행위)

http://dictionary.cambridge.org

이 정의를 보면 알 수 있듯이 yell은 '큰 소리로 외치다'라는 뜻 외에 소리를 지르는 사람의 내적인 감정의 흔들림까지 시사하는 단어다. He yelled, "Stop." 이라는 문장은 고통이나 분노 같은 감정을 느끼는 남자가 큰 소리로 "멈춰!"라고 고함치는 장면을 떠오르게 한다. angry나 loud 같은 형용사를 사용해 여덟 개의 단어를 더 써가며 He said "stop" in a angry, loud voice.라고 하면 이 문장이 전하는 메시지는 오히려 약해지고 만다. 분노에 떨며 고함치는 남자의 모습을 생생하게 전달할 수 있는 것은 단 한 마디의 동사 yell인 것이다.

'외치다'를 표현할 수 있는 동사는 다양하다.

He shouted, "Stop."　'멈춰'라고, 그는 큰 소리로 외쳤다.
He yelled, "Stop."　'멈춰'라고, 그는 큰 소리로 고함쳤다.
He bellowed, "Stop."　'멈춰'라고, 그는 낮게 으르렁거리듯 고함쳤다.
He shrieked, "Stop."　'멈춰'라고, 그는 날카로운 소리로 외쳤다.
He screamed, "Stop."　'멈춰'라고, 그는 비명을 질렀다.

우리말과 비교해 보면 알겠지만 영어 동사에는 '외치다'를 다양한 느낌으로 전달하는 동사가 여러 개 있고, 그 동사 하나 하나에는 소리의 크고 작음, 음의 높고 낮음, 분노나 슬픔 같은 감정, 게다가 우리말의 의성어에 해당하는 요소까지 함축되어 있다. 즉, 동사만 잘 골라도 적은 어휘로 정확한 묘사를 할 수 있다.

루이스 캐럴의 『거울 나라의 앨리스』에 보면 험프티 덤프티가 앨리스에게 말에 대해 이야기하는 장면이 나온다(첫 부분의 they는 words를 받는다).

"They've a temper, some of them—particularly verbs, they're the proudest—adjectives you can do anything with, but not verbs."

Lewis Carroll, Through the Looking-Glass, and What Alice Found There, 1871

(말에는 기질이 있어, 몇몇은 그래—특히 동사는 제일 자존심이 강하지—형용사는 융통성이 있지만 말이야. 동사는 그렇지 않아.)

험프티 덤프티의 'the proudest=제일 자존심 강한'이라는 표현은 의미로 꽉 들어찬 동사의 특징을 잘 드러내고 있다. 동사는 한 단어에 많은 의미를 내포하고 있기에 주장이 강하며, 모든 장면에 사용할 수 있는 융통성은 없다. 하지만 적재적소에 사용하면 그 의미를 돋보이게 해 줄 수 있다.

마치며

　영어는 커뮤니케이션의 도구다. 어떤 종류든 단순하면서 뛰어난 기능을 발휘할 수 있는 것이 아름다운 도구다. 바로 그런 생각에서 이 책에서는 영어를 제대로 활용하기 위한 간단하면서도 효과적인 기술에 중점을 두었다.
　Google 검색 기술에서는 두 종류의 기호만을 소개했을 뿐이다. Google에는 이 밖의 다른 기능도 많아 검색 조건을 상세히 지정할 수 있다. 하지만 영어를 읽고 쓰는 게 목적인 경우는 간단하면서도 짧은 시간에 해결할 수 있는 검색이 도움이 된다. 부담 없이 검색을 반복하여 습관화하기 바란다. 살아있는 영어의 세계를 탐색하고자 하는 능동적인 태도로 웹상의 정보를 접하다 보면 혹시 원하던 정보를 찾지 못하더라도 대부분은 부차적인 어떤 것을 얻게 된다. 모쪼록 즐기면서 검색 기술을 익히기 바란다.
　좋은 영어의 기준에 관해서는 '우리는 어떤 영어를 배워야 하는가'라는 관점이 중요하다. 수 년간 공부했고 어느 정도 실력도 있는데, 정작 필요한 때는 녹이 슬었는지 생각처럼 안 된다는 사람들이 있다. 그럴 때는 무엇에 중점을 두어야 할까? 삐걱거리는 도구라도 골조 부분만 확실히 손질하면 충분히 기능을 발휘할 수 있다. 영어에서는 주어와 동사라는 골조에 주목함으로써 전달력을 높일 수 있다. 지금의 내 영어 실력을 최대한 끌어내 영어를 도구로서 자유롭게 구사하자.

　마지막으로 이 책을 집필하는 과정에서 도움을 준 수많은 분들에게 진심으로 감사의 뜻을 전한다.

엔다 가즈코(遠田和子)

역자 후기

　이 책을 우리말로 옮기는 것 자체가 다소 무리하고 어려운 일이었음은 분명하다. 그럼에도 불구하고 한국 출판을 시도한 이유는 수년간 성인 학생들과 통·번역을 공부하며 개인을 보면 참 똑똑하고 유능한데 유독 외국어 작문, 혹은 번역에는 소질이 없는 학생들을 봐 왔기 때문이다. 과제 혹은 시험이 끝나고 상담을 해보면 그들이 의도하는 바는 이런 결과물이 아니었으며 좀 더 깊은 뜻이 담겨 있음을 알 수 있었다. 즉, 부연설명을 듣고 나서야 그들이 전달하고자 했던 메시지를 정확히 이해할 수 있었던 것이다. 하지만 작문은 부연설명이 가능한 대화가 아니라 종이(문서) 위에 원하는 내용을 담아내는 작업이다. 그리고 그것은 일단 내 손을 떠나면 수정이 불가능하다. 그러기에 문장은-문학작품이 아닌 이상에야-상대방이 한눈에 알아볼 수 있도록 간결하고 명쾌하며 자연스러워야 한다. 이 책은 바로 이렇게 명쾌하고 자연스러운 영어 문장을 쓰기 위한 방법을 소개하고 있다.
　강력한 흡입력으로 시시각각 방대한 양의 정보를 빨아들이고 있는 Google을 사전으로 활용한다면(똑같은 키워드를 입력해도 광고나 홍보가 화면을 장악하는 여타 사이트와는 달리 Google은 순순한 정보 위주로 검색해준다) 자연스럽고 정확한 영어를, 자신감 있게 쓰는 데 큰 도움이 될 것이다.

그렇다고 해서 Google이 모든 걸 다 해결해 줄 것이라 맹신해서는 안 될 것이다. 유용한 표현 등을 메모장에 착실히 기록하고 암기하는 노력 없이는 아무리 세월이 지나도 내 것이 되지 않을 것이기 때문이다. 무엇이든 사용법이 복잡하면 오래 가지 못한다. 따옴표와 별표, 이 얼마나 단순한 기술인가.

본문 가운데 우리말이 부자연스러운 부분이 간혹 있는데 넓은 마음으로 양해해 주시기 바란다. 번역자로서 우리말다운 우리말을 사용하고 싶었지만 한·영·일에 공통으로 해당하는 단어를 찾기가 곤란하거나 단어는 찾았더라도 저자의 설명에 부합하지 않아 저자의 의도를 훼손할 수 있는 우려가 있는 부분은 일본어와 영어를 위주로 번역했다. 이 책의 독자는 우리말을 모국어로 하고 있을 거라는 전제 하에 어색한 우리말을 자연스러운 우리말로 유추해 주리라 감히 기대해 본다. 번역 과정에서는 Google을 검색, 감수의 도구로 활용하는 요령과 방법을 제대로 전달하는 데 가장 큰 목적을 두었다.

나는 몸짓언어라도 좋으니 의미만 통하면 된다는 사람에게는 이 책이 별반 의미를 갖지 못할 것이다. 하지만 외국어를 함에 있어 조금 더 완벽에 가까워지고자 하는 사람에게는 요긴한 가이드북이 되어 주리라 믿는다. 외국어를 잘 하는 사람은 많지만 멋지게 잘 하는 사람은 그다지 많지 않은 것 같다. 이 책이 그 1퍼센트의 간극을 극복할 수 있는 계기가 될 수 있기를, 그리고 혼자 공부하는 많은 학생과 독자에게 든든한 지원군이 되어주기를 바란다.

2010년 10월
김소연